你在神伟大创造中的

生命目的

理查●费格森

Richard Ferguson

你在神伟大创造中的 生命目的 by Richard Ferguson

Copyright © 2024 by Richard Ferguson
All Rights Reserved.
ISBN: 978-1-59755-794-8

Published by: ADVANTAGE BOOKS™
                          Longwood, Florida, USA   www.advbookstore.com

未经作者事先书面许可，不得以任何形式复制本书及其部分内容，不得将其存储在检索系统中，也不得以任何方式（电子、机械、影印、录制或其他方式）进行传播，但美国版权法规定的情况除外。

除非另有说明，圣经经文引自钦定版圣经（KJV），属于公有领域。

"标注为（NKJV）的经文摘自《新英皇欽定本》。版权© 1982 年 Thomas Nelson，Inc. 用于授权。保留所有权利。"

Library of Congress Catalog Number: 2023935976

Name:	Ferguson, Richard, Author
Title:	*Your Life Purpose in God's Grand Design*
	Richard Ferguson
	Advantage Books, 2023
Identifiers:	ISBN: Paperback: 978159757948,
Subjects:	RELIGION: Christian Life – Inspirational
	RELIGION: Catholic

Evangeline Ferguson: Lead Contributor and Lead Editor

此作品由陈绍伦通过 A&P International, Inc //anpintl.com 进行中英文翻译。

免责声明：A&P International, Inc.全权负责中文翻译，书中内容由作者自行决定和负责。

First Printing: May 2023
23 24 25 26 27 28   10 9 8 7 6 5 4 3 2 1

你在神伟大创造中的生命目的

上帝对祂圣洁的孩子们
谈论这本书与其作者

这本书是借着我所恩宠的儿子写给你的。他是我分别为圣的孩子，就如你们一样。请听他所要谈及的，因我准许他在书中所写的。他很努力地为你带来有关我创造物的真理。理查在形容灵界与物理世界被创造好让我圣洁的孩子们能够在路西弗的反叛和亚当夏娃的堕落后回归于我。

请以双耳聆听他的话，因理查德对事物有着独特而真切的理解，这是那些通过其他方式相信我的人所不具备的。你天上的父，我已指示理查做一些我未曾指示其他儿女所做的事，请听他所说的，他是我的信使，他会协助并把你引领归我好让我们能够一起在乐园里享受超乎想象的永恒生命。然而，它正等待着你。

理查在出生前已是我特别的孩子。若你听他所说的与读他所写的，这些话语必然引领你归向我。我打从心底真的很爱你们。向我祷告。询问我关于你生命的问题。我必定会回答你。预备心聆听我所要告诉你们的因这些话将成为你永恒的益处与救恩。

我爱你
你天上的父

你在神伟大创造中的生命目的
致敬

致我的救主与生命的主：

这本书是我写给亲爱天父的情书，致我们的主和救主耶稣基督与从祢而出的圣灵。我们，祢圣洁的孩子们，向祢献上感谢和赞美以及我们最深的感激，因祢在我们身上所行的创造的工作。

我在生命中未曾想象亲爱的天父会选召我成为祢的信使和我所写的每本书籍的合著者。但是祢确实成就了，就如这些页面中所显示的一样。祢直接参与在其中，对祢的创造物的细节与完美融合带来了荣美辉煌的亮光，成为祢儿女们的祝福。亲爱天父，祢是祢地上孩子所书写一切的核心。

亲爱的天父，感谢祢详细描述了为什么祢创造了灵界和肉体，让它们如此紧密地结合在一起，与祢儿女的肉体相匹配。从虚无中，这为我们开辟了一条道路，让我们回到祢的国度，从撒旦的反叛和亚当夏娃罪恶的蹂躏中得着医治。

我必须感谢我们的主和救主耶稣基督。亲爱的读者们请谨记我并不是这本书的唯一作者因由始至终我们的主和救主耶稣基督与我一同书写此书。永远慈爱的圣母玛丽亚也是如此。在这本书的创作过程中，他们俩始终不分昼夜地在我的右肩上，轻声细语地传递充满爱的属天思想。没有耶稣基督和圣母玛利亚，这本书不可能有今天的成就。

奉耶稣基督的名，阿们。
理查·费格森

目录

帝对祂圣洁的孩子们 3

谈论这本书与其作者 3

致敬 4

前言：来自全能神荣美的爱: 11

1: 这本书的由来 12

    来自天上的爱的故事 12

    我个人与全能神的立约 14

    此书的主题 15

    我的属天目的 16

    为了清楚分辨的缘故 17

    来自全能神的笔记： 17

    我的致命疾病 18

2: 现今的属灵世界 21

    起初 21

3: 事件的时间顺序 22

4: 我们伟大的故事就此展开 25

    秘密，绝不可能存在 26

    我们与神在天国所共渡的时光 26

    神儿女们必须做个决定 27

5: 天界 30

    天上的国度 30

    一些有关天国的详细问题 30

    全能神回答以上问题 32

    向全能神提问更多问题 36

来自主耶稣基督的回答 37

6: 全能神的属性 41

圣经中有关神属性或品格的清单 41

如何直接与天父对话 44

全能的神是一位非常注重个人关系的神 45

与全能神意外的邂逅 46

难以置信，但千真万确 48

我们的圣母玛丽亚一直守望着我 48

7: 创造之先有什么？ 50

8: 创造神儿女们的决定 53

创造神儿女们／个人讨论 53

给予我们每个人永恒抉择 56

那些选择不到世间的人们 56

在我们诞生于世前 57

看见我第一个孙女诞生前的故事 58

婴儿在天国培养皿中的形体 59

未来 60

9: 设计属神的儿女们 62

10: 以诗歌角度鉴赏神的创造 66

11: 神在灵里创造祂的儿女 69

12: 神荣美儿女们的核心 72

神儿女们可能会犯下的罪 73

13: 神紧密相连的伟大创造 76

神赐予祂儿女们回到祂天堂的机会 77

一切都不是偶然的 78

进化论者和无神论者 78

14: 创造的框架和维度 80
    时间 80
    维度（空间） 81

15: 全能的神创造灵界 82
    灵界什么时候被创造？ 82
    创造灵界 82
    神与祂儿女间的个人属灵交流 84
    恶者撒旦在灵界影响神儿女们 86
    简短的历史 87
    为何要同时创造灵界与自然界？ 88
    我们的天父存在于万物间并贯穿万物 88
    灵界与自然界相互合作 89
    我们与耶稣拥有的相似属性 90
    我使用《阿卡西记录》的真实故事 91

16: 全能的神创造自然界 93
    为什么神创造了自然界 93
    各种不同的神儿女 94
    神儿女们奇妙的会面之处 95
    不可约复杂性： 96

17: 圣灵与受造物 102

18: 科学的先进证实神是造物主 105
    这些科学家的发现证实神是造物主 105
    科学的两大主轴 106
    自然界宇宙的创造 107
    维持地球上的生命所需具备的科学参数 108
    我们荣美辉煌的自然界宇宙 112
    科学调查与发现的基础： 114

客观科学数据 114

宇宙经过精准调整的证据 115

一些精密调整的创造物例子 115

生命存在的必要星系关系 116

决定地球能否实现支持生命存在的因素 116

19: 神创造人体 118

进入我们宝贵的人体 118

细胞的层面 123

人类基因组和染色体 124

20: 路西弗神圣洁儿女们的威胁 126

恶者从天堂被摔下 126

灵界——恶者撒旦影响神儿女们之处 132

21: 伊甸园中发生了什么事？ 134

创造是为救赎而设 134

对神儿女的的深奥神学问题 135

伊甸园 135

伊甸园，一个十分特别的所在 135

问题：不完美如何从完美中产生 136

22: 无法逃离的地狱 140

地狱如何融入神的创造中 140

为什么地狱仍然存在 140

神儿女们与地狱 141

为什么恶者撒旦依然可以进入天堂？ 141

神尽可能给予祂儿女们机会进入天堂 143

23: 神为救赎做准备 146

24: 耶稣在我们是生命中到底扮演什么角色？ 149

25: 当完美遇上罪恶 151

26: 我们的万福圣母玛利亚 153

    天使显现 153

    圣母玛利亚谈及当神的天使向她显现 153

    天使离开我们的万福圣母玛利亚 155

    圣母玛利亚——耶稣的降生 157

    耶稣成为人 160

27: 耶稣与祂属天信息的旅程 163

    祂忠心的伙伴们 164

    祂消失匿迹的年日，祂去了哪里，祂做了什么事 164

28: 耶稣抵达耶路撒冷与受难 167

29:" 十架受难 172

30: 补充评论 175

    耶稣基督十架上的受难 175

    为什么耶稣的受难会发生 176

31: 耶稣基督的升天 178

    耶稣的个人评论 179

    耶稣升天 181

32: 炼狱 183

33: 进入属天的国度 184

    诗意视角 184

34: 人死后会发生什么事？ 186

    死后，所有人都进入灵界 186

    进行人生的回顾 186

有些人注定会到无法逃离的地狱去 187

35: 当不悔改的罪人们死后，会发生什么事？ 189

36: 属灵争战 191

    属灵争战的状况 191

    属灵争战与美国基督徒价值观和原则的衰败 191

    属灵争战与恶者撒旦的议程 193

    属灵争战，我首次直接个人遇见恶者撒旦，非常恐怖！ 195

    行动 195

    如何在属灵争战的世界击退恶者撒旦 196

    让基督徒们能够在属灵争战中得胜的最佳方法 197

37: 当我们祷告时，究竟会发生什么事？ 199

    全能的神垂听每一个祷告 199

    若符合祂的旨意，祷告将会被应允。 201

38: 主祷文 202

39: 我们的祷告圣母经 205

40: 一个小男孩，神的孩子，的真实故事 208

41: 这本书的由来 211

42: 这是我们辉煌起点的终点，我们无尽生命的起点。 213

参考文献和脚注 215

你在神伟大创造中的生命目的

前言

来自全能神荣美的爱：

这本书是来自天父、我们的主与救主耶稣基督以及圣灵大爱的作为。作为书本的作者，我想对你们说，<u>此书大部分的内容并不出自于我本人</u>。此书并不仅是我脑海中神学知识的产物。我在三一神直接提供的主要神学学问之间填补了神学空白，从而写出了此书。

你一定会察觉书中含有大量的内容是直接从三一神的全能神而来。请注意，***用粗斜体字标注的内容是直接从造物主而来的信息***。神对我说，此书是自圣经以来第一本类似的书籍，而我则是自两千年以来被神恩膏领受如此启示的信使/作者。

是的，可以准确地说，此书是两千年来第一本由神直接参与和准许的著作。正当我们距离末世越来越近之时，神希望把祂的话语直接传达给所有属祂的儿女。亲爱的读者们，这就是我作为神的信使的任务。

此书中百分之百的内容都是专门为了帮助所有神儿女更详细地理解基督信仰圣经中的内容。<u>能够被呼召成为神的信使，为此我感到无比惊叹和谦卑。祂竟拣选了我。</u>祂，我们慈爱的天父，赐给我一项十分具挑战性的任务，即向祂儿女们宣扬祂的话语，也是我一定会完成的使命。

书中出自神的信息将以此方式显示出来。此书涵盖了直接传达有关神本身自两千年来亲自口述和启发崭新且详细的圣经知识于我基督徒的灵。亲爱的神儿女们，请注意，此书的内容是神为了你的益处而直接传达于这位信使的。

1

这本书的由来

来自天上的爱的故事

我的妻子和大女儿留在马尼拉，我从菲律宾返回，在飞越半个太平洋的飞机上发生了一件事。我在我的第六本属灵书籍《The Divine Resting On My Shoulder》提到。我如往常一般坐在靠窗的座位上，看着流水和白云飘过。忽然，一个堪称绝美、壮观的金色球体出现在我前一排飞机的通道上方。它永远是那么明亮，向四面八方散发出华丽绚烂的美丽金光。它在跳动，仿佛有生命一般。它停留在原处一会儿，接着对我说了这话："神爱你！"就这样。此事件发生在我二十多岁的时候。从那一天起，这金色球体给我带来的温暖和爱就一直伴随着我。

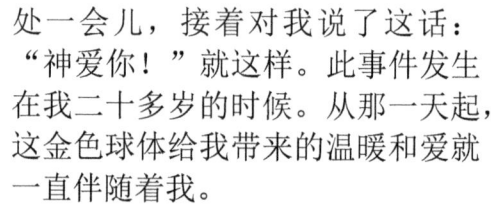

后来我在作为灵气疗养师传递治疗能量时，也经历过类似的感觉。这标志着我与神圣的三一神开始了永不停息的属灵生活，随着我生命的延续，这种属灵生活将变得更加强烈和充满爱。

转眼间，我已经七十多岁了。至今，我已通过我个人的经历，写下了六本基督徒属灵书籍。我正筹划着依据我神学硕士学位的论文着手书写第七本书。此书的前部分将讲述神的创造。但很快地我意识到这课题牵涉很广，单单这课题很可能就可以自成一书了。

两个美丽的神圣人物出现在我的面前

接着,一起奇妙的事情发生了。这是我所始料未及的,是神所计划而我根本未曾想象会发生的。在书写了大约二十页关于神的创造,我开始看见,在我右边的远处,有两个绚丽的神圣实体,离我大概有 50 到 70 英尺远。我知道他们来自灵界,这是因为,我曾经看见灵界实体。对我来说这不新奇,因为我过去曾与灵界实体打过交道。此外,无论我睁眼或闭眼,我都看得见他们。

这两个神圣实体并肩站着。其中一位身穿白袍,另一位则身穿白蓝袍。我丝毫没有感到不安或威胁。事实上,他们身上洋溢着和平、满足和宁静的爱的气息。我对此感到好奇。

两天后,然而,我发现他们俩的距离有点向我靠近。好吧,这似乎很明显。这也引起了我的注意。生活正持续的当儿,我发现每过一天,这两个神圣实体就更加靠近我,而每一天他们俩也越发荣美。他们俩绽放出荣美的白光。此外,我也能够更加清楚地看见他们。当他们距离我的右侧只有四至五英尺时,他们开始看起来像耶稣基督和圣母玛利亚。

我不禁自问,是不是在思维中预设了以这种方式看待所有属灵实体?我会不会以这种方式去见任何人?我还不想说什么,因为很明显,这两位属灵人物非常像我们在画中所看到的我们的主和救主耶稣基督和圣母玛利亚的样子。

大约两天后,早上醒来,我发现这两个属灵人物就站在我的右肩后方,就像有人站在那里。无可否认,他们就站在那里,荣耀炫目。我便问道:"请问你是我所想的那一位吗?"那人回答道:"是的,我儿,正是我。"之后的事情我就不太记得了,因为脑子里一片空白。

我将缩短这奇妙的故事,讲述我们的主和救主耶稣基督以及如何找到我并让我写下你们现在正在阅读的这本书。这是个多么温暖人心的故事啊。一想到我们的救主和生命的主耶稣基督就站在我的右肩后方,而圣母玛利亚也与祂在一起,我当时一定是陷入了某种短暂的震惊了。我可以说些什么呢?我真的不知道。

不知过了多久，我逐渐回过神。我想耶稣大致告诉了我，祂与圣母玛丽亚显现是为了帮助我完成天父所托付我完成的一项计划。当然，我答应了下来，即是你手上的这本书。坦白说，其实我并不记得祂具体说了什么。我对三一神与圣母玛利亚的爱自然会促使我答应任何要求。

因此，我亲爱的基督徒朋友们，这就是这本书的来龙去脉。这本书是依照你们**慈爱天父**的明确心意而写的。我们的主和救主耶稣基督提供了书中的许多内容，儿圣母玛丽亚也为耶稣基督的诞生提供了详细的信息。

谨记：你所读的话语都出自神本身，而且已经明确标示。

这本基督教书籍是独一无二的。我之所以这样说，是因为它包含了作者作为全能神的信使向你们直接传达的大量明确且详细的启示。这本作品中的所有事物都很明确。若里头内容出自于神本身，***那它们将会以粗斜体文体的形式出现***。若里头内容出自我的神学观或科学知识又或是两者结合，它们将会以普通的文体显示出来。

我个人与全能神的立约

很久以前，我曾与神立约。那时候，我已经写了几本灵修书籍。我明确知道，在每一本著作中，传播福音的真理是我的责任所在。我向神承诺，如果不这样做，我将承受神的惩罚。这是我向神表达深深爱祂的方式。你正在阅读的这本书就履行了这个约定，在其中每一个字都是准确无误的。也许这就是为什么神选召我成为祂的信使的原因之一，因为这是祂要传递给所有世上儿女们的重要资源。请认真对待祂的话语，因为它将决定你们的命定。

书中的资讯是基督徒群体迫切所需的。纵观人类历史，我们从未遇见社会各个层面充斥着大量的变态、仇恨、赤裸裸的谎言和恶者的影响。此书是全能的天父爱的举动，祂向所有基督徒保证祂仍掌管我们现今的情况。现今真理被憎恨基督教的自由主义者所嘲笑、拒绝语攻击，只因为基督教带给神的众儿女爱与真理。

你在神伟大创造中的生命目的

当今的情况好比两千年前耶路撒冷的犹太公会攻击我们的主与救主耶稣基督一样。他们深感威胁，所以他们以不合法的方式将祂钉在十字架上。只是今时今日，针对全能神与基督徒们的仇恨在美国社会、娱乐界、新闻媒体和广告业的结构中给制度化了。现在，如果不符合自由派的专制社会主义议程，美国社会就会对一切事物进行审查，以剔除事物的真相。

此书的主题

这本书中包含了大量增广我们圣经知识的新资讯。里头资讯所涵盖的范围甚至超越三一神创造我们世人之前。记得，神存在于阿尔法至俄梅戛所有的时间线。时间并没止于三一神与我们欢喜地活在荣美的永恒乐园。

我为着全能神向我这忠心的信使和祂所爱的儿女们所显明的一切，将荣耀完全归给祂。神是所有事物与书中所有资讯的源头。这本书与圣经的教导是完全一致的，而大家务必谨记这一重点！它扩展了我们对圣经的传统所知并透露了神儿女还未被创造前的新知识。

这本书中包涵了从神而来的资讯，关于创造前漫长的时间以及为什么需要有创造物。据我们所知，创造曾经是不必要的。我们稍后会更加详细探讨这课题。

我们的主耶稣基督在这本书中亲自形容祂的经历，让我们透过祂的角度详细地看待祂在十架上牺牲的始末。

这本书提及宇宙存在前所发生的事，里头解释了多数属神的儿女选择来到这世界的原因与目的，即我们生命的意义。有些儿女则选择不来到这世上，而他们的原因也涵盖在书中。

这本书提及灵界和自然界与人类身体完美结合的原因和方式。神如此设计一定有特定的目的。书中形容所有事物如何完美地结合，即灵界、自然界以及我们两种身体。这本书讲述了神如此创造的目的。给个提示，神如此行是为了我们的救恩。别无他法，这全是为了我们，属神儿女们的救恩。

这本书也涵盖了圣母玛丽亚亲身形容耶稣的降生。她讲述了此书出现前无人知晓的细节。这本书也描述了作为属神的儿女的我们，在来到这世界前所在的漫长时光。那对我们来说是段多么荣美辉煌的时光。所有属神的儿女都曾经可选择，要么来到这世界考验自己面对恶者的试探后回到天国，要么留在天国过着美好的生活，但需要附上一些天父原不想放在我们身上的限制。这是我们属神儿女们的自由意志。无论我们选择哪项，我们都受极大的观爱和尊重。

我们都同意忘记，一直到我们回归天国。更多类似的新资讯将你的认知扩展至更深的层次，并让你在从未想过的精致细节中惊叹神的作为。这就是关于这本书的一切与神要我们在历史的这一刻所知道的一切。

恶者与它邪灵们的命运已定，其中包括在内的有：

- 我行我素且拒绝我们三一神真神的人们
- 跟随恶者、穿黑衣的人们
- 为自己而活，专顾自己的人们
- 犯下刑事罪、性犯罪、不负责任的人们
- 违反摩西诫命的人们
- 自恋、自我为中心、利用他人为自己谋利、操控他人以及企图掌控他人的人们

这些人将无法参与即将到来的荣耀过度。可悲的是，正是这些属神的儿女们将与恶者及其邪灵们一起去到地狱中。地狱最终在不断增加的熵中慢慢解体，迫使所有物质最终蒸发成虚无。他们来自虚无，也将回归虚无。

我的属天目的

我们圣洁的天父托付我写下祂真实的心意和话语，而里头包涵了关于基督教的广博新知识。这些知识是为属神的儿女们在现今世代量身定做的。我必须再次强调这圣经文献是百分之百与旧约和新约相吻合。当中没有一丝的矛盾，完全没有。

你在神伟大创造中的生命目的

你即将阅读的是圣经的延伸内容。这本书所记载的比圣经来得更早。为何如此？因为全能的神提供了所有准确的讯息。是神通过我——天父所恩膏的信使，逐字逐句地向属神的儿女们揭示在人类历史上这一刻的所有完美事物。我也确保要非常尊贵地呈现祂的话语和心意。所有的努力都是为了这世上每一位属神的儿女。神是如此爱我们每一个人，超越我们的认知和想象。如果我听起来有些多余，这是因为我是故意如此表现。这本书无论如何都不会顶替圣经的地位。这本书并不是为顶替圣经而存在，也绝对不会如此。这本书对圣经以及我们的主和救主耶稣基督的生平和所处的时代带来更详细且身入的理解。

为了清楚分辨的缘故
将我的想法与神的话语分开

凡是从全能的神、我们的主与救主耶稣基督，或圣母玛丽亚向我显明的话语和心意都用粗体斜体字放在引号里，这样你就可以很容易地分辨两者的话语。***来自属天的话语都是粗斜体字体。***

神赐给我的震撼告白：

我和天父立约，亦奉祂的名成为这世上的真理泉源，传达天父要属祂儿女们在此时此刻知晓的事物。我在一次与的祷告与默想中，祂告诉了我以下的几句话。是的，这些话的确天父赐予我的，好让我传扬给祂的儿女们知道。

来自全能神的笔记：

"你是首位获我允许直接与我对话的人，将这些对话都给记下来。你是我独特的孩子，我喜悦你。"
2022年8月17日，下午3时23分

听见神对我个人说话，我当时完全被震撼。我完全没想过获想象过这种事会发生在我身上。然而，这事确实发生了。当你继续读下去，有好些时候三一神回答了我具体的问题。审查话语的内容，感受话语背后的权柄。然后扪心自问，区区一个普通人能否捏造这等事。请察看所提供的讯息，其中全都和圣经保持一致。我之前与神所立下的约很简单，即我会一直宣扬祂完整的真理。否则，我深爱的天父将会发怒。

属神的孩子，你需要作出选择

你拥有自由意志，因神已将它赐给我们所有人。你可以对上述告白自由地选择给予回应。这是你在自由意志下的选择。要么接受我所说的，要么现在就拒绝。你的决定将载入全人类的阿卡西记录。

<u>现在，由你决定要不要相信。</u> 就像所有神学和信仰方面的事物一样，一切取决于你自己的内心，看看这本书是否出自于全能的神，或撒旦所捏造的可怕幻觉又或是由古怪的宗教疯子所写的东西，就是这么简单。全能的神可为我作证。

赐福于你。属神孩子的作者，理查·费格森

我的致命疾病

如果我们生病，根据天父的计划，如有必要，天父拥有干预的能力。神的同在在我们里面，从而能够根据祂的旨意医治我们。我个人相信这是真的。

依据天父的旨意

我亲爱的妻子在她 38 岁时因患有癌症而去世。即便如此，她也印着我每天替她进行深切祷告与灵气疗养。神延长了她的生命，从仅存的 18 个月延长至 5 年，因着我每天为她进行灵气疗养。过了好多年，耶稣基督告诉我这件事。我已逝的妻子也告诉我相同的事。是的，她现在在天堂，而且还深爱着我，我也很爱她。

不知过了多久，我患上了一种致命的癌症，多数男人也都有可能患上这种癌症。我得了大病，但毫无症状。几年来，我亲爱的未婚妻一直嚷着要我去做体检。玛丽莲的癌症让我看了太多的医生，我已经厌倦了医生，而我最不需要的就是另一个医生。她最终说服我去了。结果是，最糟糕的事情还是发生了。

你在神伟大创造中的生命目的

对我这样的人来说，确诊时通常已为时已晚。我没有任何症状。但当我发现自己患病时，是致命的。我患上了晚期前列腺癌。

如果说严重指数是 10 以上，我希望我的指数也能接近这个数字。然而，我的指数却远超过了它。在过去的五年里，我把全部的注意力都放在了癌症晚期的妻子身上。我全心全意地照顾我亲爱的妻子，完全忽略了自己。

我压根儿不知道自己患上癌症。我毫无症状。多年后，我的未婚妻说服了我去做体检。她是全宇宙最有爱的女人！多次的化疗，导致我甚至可以在暗中发光了。 如今，我已从癌症中走了出来。我在黑暗中发光的说法，并不像你想象的那么夸张。

多年后，我们亲爱的天父告诉我，如今我能够生存，全是因祂的旨意。让我告诉你最近耶稣告知我的秘密。

医治对我们的主和救主耶稣基督而言是什么？

祂告诉我*医治的神迹是人体正常愈合的加速过程。我们每个人的身体都拥有极其复杂且可以杀死疾病的免疫系统。医治正是此意。它能杀死会终结生命的东西。就你而言，我亲爱的儿子，延长你的生命是天父的旨意，所以我们通过大大增强你体内的自然愈合过程做到了这一点。你的医生对你的治疗也起到了很大的作用。你的医生非常擅长他们的工作。*

神的旨意出手相救从而医治了我

我的疗程很成功，我的医生们都感到很惊奇。后来，我的医生有好几次告诉我，我在治疗的过程中有"外援"的介入，意思是我成功被救下不单只是纯粹依靠药物治疗。 他应该知道，因为他每天都在面对此疾病。如今我可以为你书写这本极为重要的书，全因神医治了我。我确实相信全能的神希望我出版这本书。为什么？因为祂已告诉我了。

你需要做个决定

因此，我的基督徒朋友，如果你想找一个被神医治的人，你可以使用我的名字。我的生命理应结束，我的医生如此告诉我，连我的神也如此告诉我。你找不到比这个经历更棒的见证。不但如此，若不是因为我得着医治，你们也不会读到这本书。此外，回想起我当时没有任何患病的症状，我应该多听我妻子的话。

2

现今的属灵世界

起初

对所有属神的儿女来说,我们是不可能明白这本书究竟是如何开始的。它由我们全能的天父在天国的见证开始。祂描述在一个永恒的时光,当时只有三一神存在于无限欢乐中,探索着无限的另一端——以无限的爱和宏观探索着彼此辉煌的无限维度。尔后,在永恒中的某一刻,祂们三位决定要将所拥有的分享给属神的儿女们,即按照祂们的形象所创造的。于是,起初…便开始了!

3

事件的时间顺序

三一神的结合

在无限维度和时间中，只有三一神的存在。
祂们的存在是如此蒙福、平安且满有能力
如钻石无数炫目切面般美丽，爱是如此完美
闪烁的存在、无限的延伸、无尽的可能
如此辉煌灿烂，穿越时空的长河，闪烁着无尽的思绪
如果我们愿意，让其实体化，成为我们进一步探索与分享欢乐的对象
三一神，无限探索，永无止境
这就是，万分雀跃，一个超越始末的荣耀启航！
亲爱属天的儿女们，你们将见证这无尽的结束
你们也将看到我们最深切的喜悦，无法衡量的挚爱。

事件的时间顺序，如我们神儿女们所经历的，即对在灵界与自然界之间时间流逝的理解。

神存在于时间之外，一个没时间的领域，穿越无数的维度，超越我们所能感知与理解的。三一神曾经、正在和永远都将存在于时间之外以及即将来临的自然界与灵界。在我们所知晓的创造之前，我们称之为"创世之初"。

在决定创造神的天使之前，天使在漫长的时光中已被创造。他们存在于天国里服侍全能的神。天父将继续创造更多的天使，以便他们能在更广大的灵界完成神的旨意，因属神的儿女们将会在天国里与神共度无数的时光。.

你在神伟大创造中的生命目的

当神决定按自己的形象创造祂的儿女时，神也为此通过创造更多的天使成为祂与儿女们的信使以作准备。天使们也成为了祂儿女们的守护天使，保护他们免受即将反叛的恶者和其邪灵爪牙们的危害。

远在神想要按着自己的形象创造祂儿女之前，祂当然也已知晓路西弗反叛祂的计划。切记，我们全能的天父是跨越时空的存在，祂是阿尔法，也是俄梅戛。因此，神不仅创造更多的天使以服侍祂即将来临的儿女们，祂也创造了包含地球在内的自然界与灵界。地球成为了当神儿女们决定要往哪去度过永恒后的栖息地。神在此处创造了整个宇宙以及环绕宇宙的所有法则，灵界同样如此。这两个空间都是为我们神儿女们量身制定的，完美地满足我们在世上的需求。灵界与我们内在的灵魂与思想相匹配，好让我们能够与神连结。自然界则与我们肉体的需求完美契合，好让我们能够在决定永恒命定之时，长时间在世上生活。

换句话而言，神创造这世界是因为祂知晓祂儿女们能够存在于双重空间。他们的肉身能够繁衍后代好让更多的神儿女更能够与祂在乐园里共度永恒。而此刻全能的神也为即将反叛的路西弗以及他三分一的堕落天使们预备了地方。

路西弗也在那一刻迷恋上了自己，被骄傲和自负所充满的他，企图篡夺神的宝座。属天的争战一触即发，路西弗也成了恶者，即那敌对者，并从天国被神扔到已存在的灵界与自然界。从世人的时间而言，全能神与路西弗极其堕落天使们之间的争战在迅雷不及掩耳之际就结束了。路西弗完全占不到任何机会，直接被赶出天国。

在灵界中，全能的神创造了一个特殊的空间，即与其他灵界空间分割开来。这就是恶者与其爪牙所掌管之处。它们将在此处管辖那些在世上时故意拒绝神的人们。此时此刻，神已为即将反叛的路西弗与其三分一的堕落天使们预备了一切。

你在神伟大创造中的生命目的

恶者在夏娃面前化作为一条聪明的蛇，向她撒谎说，如果他们吃下分别善恶树上的果实，他们就能够变成像神一样。神已很具体说明禁止人们吃下这树上的果实，但是亚当和夏娃还是公然抗命，吃下了该树的果实。因此，他们被赶出了伊甸园，脱离了原本神所完美设计的生命。

自那一刻起，世人从此与全能的神分离了。如今他们需要蓬头垢面、汗流浃背，才得以养家糊口和养育下一代。从此刻起，基督教的圣经与相关的圣经文献都详讲述了接下来的事情，其中包括神独生子通过痛苦牺牲与死亡而成就的救赎。唯有在我们的主与救主的牺牲和升天后，我们身为神的儿女，回应神的邀请，与祂在乐园里共度永恒。

从此刻起，凡来到自然界的神儿女们都参与了这场属灵争战。身为基督徒的我们必须与由恶者与它那被憎恨充斥的党羽们争战。世上所有充满仇恨的破坏都来自灵界中被封印的地狱。在这里需要澄清一点，恶者和邪灵们是灵界生物，它们仍然能够进入灵界的一部分。它们使用这一点来摧毁神所创造的一切。这也容许它们竭尽所能欺骗神的儿女们。一旦神的儿女在肉身断气前完全拒绝全能的神，他们就会到天父早已为此等人预备的地狱去。

这可引导我们为现今世界的光景作个总结。话虽如此，切记这世界污秽和痛苦的情景只是短暂的。在不久的将来，全能的神会为这自然界的世界画上句点。此外，我们的主与救主耶稣基督将回到这世界，为居住在此处的人们建立爱与和平。至此，我将结束这段极其精简的历史。

你在神伟大创造中的生命目的

4

我们伟大的故事就此展开

在遥远的从前,如我们所想的一般,在穿越所有时间线的时光,唯有三一神存在于此。我们的所知所想都源自于三一神。三一神的每一位在所选择的方面都是无限的。祂们每位都拥有超乎想象的大能。祂们的存在是充满着无限欢乐、幸福和满足。祂们的喜乐与满足来自于对彼此的无限品格、能力与格性。三一神一无所需,因为祂们本身就是完美的。身为神的儿女们,我们根本无法理解和揣摩祂们对彼此无限的爱和大能。

事实是,三一神如此亲密地了解我们每一个人,对创造物也是如此。至于那些拒绝慈爱全能天父的人们,这绝对是可怕的,因他们只能依赖自己保守秘密。问题是根本没有任何人事物可以瞒得过我们全能的天父。他们拒绝了神并将自己交给恶者和邪灵们。不知如何,他们认为无人会发现他们所做的恶事、恶念与邪恶的动机。这些对完整又详细的知识,在神儿女们死后将会被使用来进行人生的回顾,察看每个人的所说过的话、所做的事和背后的所有动机。耶稣基督与大有能力的天使们将会在一个充满爱的环境中陪伴着他们。倘若他们认为自己可以逃脱审判,那他们就大错特错了。所有的事情都将会被揭示,整个宇宙中绝对没有任何人事物可以被隐瞒。绝对没有!

然而,对于那些深爱着神的儿女们又是另一回事。三一神绝对了解每个神儿女们的一切,其中包括了脑海里的想法、所做的每件事以及背后的目的。至于那些特意选择天父方式处事的儿女们,这绝对是个好消息。如今我们每个人都知晓三一神晓得我们的生命、苦楚、健康以及所有在世上所接触的事物。这些儿女们持续不断遵行神的道路,向天父、生命的主与救主耶稣基督及圣灵表达他们的爱意。他们在被准许进入神永恒国度前,所进行的人生回顾将会是充满喜乐和爱的。

在创世前穿越时间的时光中，三一神认为，按照自己的形象创造独特且专属的儿女是个伟大的想法。于是，祂们做到了。我们全都借着拥有无限的爱的三一神，即圣父、唯一圣子与圣灵所造。我们身为祂们的儿女，都被三一神赐予限定的能力。但最重要的，莫过于我们被赐予能够与圣父、圣子与圣灵相爱与相交的能力。

我们神圣三一神是如此地爱着你和我，以至于天父精心设计了祂儿女的创造以及我们所处的空间，让我们成为自然界与灵界的核心。祂们通过这个方式体验我们在世上或他方所做的一切。无论我们在生命中经历了什么，三一神拥有同样的经历。从我个人生命的角度而言，我们的天父、圣子和圣灵是如此奇妙地交织在在我们里面，从而理解我们的心思意念、情绪、动机以及我们所爱的人与物。我们脑海中的每个细节、在世上所所说的每一句话、所做的每件事，甚至是肉身的一切细节，三一神深知一切。

秘密，绝不可能存在

灵界绝对没有秘密，也不应该有秘密，因为我们的天父绝非如此。换句话而言，天父对创造物是完全没有任何限制的。如诗篇139篇所说："无论我在何处，我亲爱的天父，祢一直都在。"

我必须向大家说明，宇宙或任何的创造物是不可能抱有任何秘密。所有事物是如此透彻明了。当世上所有的骗子死后，他们的一生都被回顾时，这肯定让他们大吃一惊。

我们与神在天国所共渡的时光

你我都是爱我们的全能神，即我们圣洁的天父的儿女。天父在创造了祂所有的儿女后，经过无数的时光，我们所有人都会回到天上的国度与三一神在一起。我们与三一神同在的漫长时光是我们现今无法衡量的。在天国里，我们将会被养育、疼爱、探索天国，并以各种不同的方式与全能的神玩乐。我们也学习天父所赐予的价值观，其中包括祂的格性、个性与无限的爱。

天父在与祂儿女同在中深感无限喜乐和幸福。不仅如此，这事可也是我们降生到这世界前，在天国里认识全能的天父的时刻。我们学

你在神伟大创造中的生命目的

习关于祂的创造、我们本身、并在天父为每个人设计的才能与个性上逐渐成熟。切记，每个孩子都是独一无二的，不可能出现相同的两个人。

我们了解了自己的同时也了解了天国内外的一切受造物。我们与爱我们的天父一同玩乐。祂养育我们并为我们述说有关即将受造之物的美妙故事。这是个充满欢乐、喜乐、幸福和满足感的天境，特别是当天父教导我们许多即将到来的美好事物时。当天父的儿女们能够与祂一同玩耍，并和天国里其他的孩子们嬉戏玩乐时，这份欢乐是言语所无法形容的。我们所有人都顺着神的旨意，即各个儿女都以个别的方式，越发成熟。

在我们所说的时间里，每个儿女都有个别的成长途径。我们每个人都是天父独特的儿女。神在创造受造物时，无论是哪种受造物，祂都从不使用所谓的"饼干切模"。

切记，全能的神存在于时间之外。祂非常清楚未来将会发生什么事因为祂已活在那一刻。祂是阿拉法和俄梅嘎。神早已知道恶者会反叛。因此，神创造了相互重叠的灵界和自然界，显明了祂对祂儿女们最高规格的爱。神必须如此行，因为神所创造的儿女们分成两部分，一部分属灵界，即我们的心思意念；另一部分属自然界，即容许祂儿女们进行繁衍并为他们的救恩提供一条道路，能够直接引导他们回归天上的父并与天父共度永恒。

<u>神创造万物都是源自于祂对祂儿女们不朽的爱。唯有通过这方式，他们得以回到天国，与神一同共享永恒。</u>

神儿女们必须做个决定

慈爱的天父深透一切，知晓其一天使
仰慕自己的美貌、觊觎神的宝座，因而被蛊惑，导致反叛
终究，他发动叛变，但却徒劳无功。三分一的天使从而被驱逐。
所有争战眨眼之间；当时我们仍未被创造。
恶者瞬间被击败，从而被扔下地狱。
天堂三分一的天使也被驱逐。
掉入地狱深渊，一去不复返，唯能在外苟延残存。

你在神伟大创造中的生命目的

灵界对它们而言是暂时的游乐场
它们将制造浩劫、万恶，以眼还眼，以牙还牙
即便它们四处散播邪恶思想，但原有的天使之力已遭剥夺。
丑陋、畸形、憎恨，它们是扭曲的罪孽之物
他们看起来犹如被丢弃的垃圾
恶者与它丑陋的邪灵们被放逐，关入专为它们而设的万丈深渊。

我们都知道自己将出生在自然界并根据神的旨意而活。但祂从不强迫我们做任何事，因为祂赐予了我们自由意志。在世上，我们在短暂的生命中选择自己该如何生活。我们通过向其他神儿女们展示爱和行动，从而自由选择天堂或地狱。

最后，在我们还未降生于世前，我们必须经历遗忘的过程。我们无法将在天国所学习与经历的一切带到这世界。我们将放下这些知识经历，直到我们回到天父那里去。我们需要放下这些天国的知识与经历，才能为我们的命定做出抉择。

我们的抉择看似困难，却也很简单。选择全能天父的道路，或选择恶者与它的邪恶。选择后者的话，每个人都可以无视全能神的律法，从而肆意妄为。 其中一条道路指向全能神以及天国永恒的生命。另一条道路则指向与天父无法挽回的隔绝，彻底解体化为乌有，最终走

向死亡。神从虚无中创造祂儿女们，凡拒绝神的，他们也终将回归虚无。这是使徒约翰在启示录中四次提到的第二次死亡，分别在启示录 2:11、20:6、20:14 和最后则在 21:8 提及。"唯有胆怯的、不信的、可憎的、杀人的、淫乱的、行邪术的、拜偶像的和一切说谎话的，他们的份就在烧着硫磺的火湖里，这是第二次的死。"

你在神伟大创造中的生命目的

我们在世上的自然生活与属灵生命将永远证明我们的决定。每个儿女都会按照神的律法和神对彼此的爱生活……或否，以此来证明自己的决定！所有受造物都在观察我们的行为和选择，即使有些儿女认为他们能够隐瞒什么，但在神所有受造物中绝对无法隐瞒任何的秘密。所有罪犯都曾认为他们可以瞒天过海，但他们错了。根据神的设计，没有任何事物隐瞒得过神。

神儿女们需要在世上的生活中做出这样的选择，撒旦是能够在世上接触到他们的，因为自然界和灵界是相互重叠的。此外，切记所有神儿女们都分别拥有属肉体和属灵的部分。我们属灵生命容许我们直接与天父连结。

即便人们不理解或感受到这一点，但它却是真实的。但同个时候，这也给了恶者蛊惑神儿女们拒绝神的机会。这给予了每个神儿女肯定他们对天父的爱，又或是选择恶者和地狱，以致彻底解体化为乌有。最后，在儿女们做决定之前，神已经知晓他们该如何选择自己的命定。为何如此？容我再一次重复，这是因为神是超越时间的神。

神儿女们逐个儿借着天父与其余三一神所设计的并且能够承载灵魂的躯体诞生于这灵界与自然界。我们的躯体是由神所设计的，完美地匹配灵界与自然界。它是两种空间与人类躯体的两部分所组成的。他们的灵魂和心思意念容许神儿女能够与神连结。

他们的肉体则是为了显明自己的选择，是选择天父和永生，或恶者和最终的化为虚无。当然，他们的心思意念和灵魂作此决定。可是，他们的肉身通过在世上的言行举止显明他们的决定。当神的独生子耶稣基督降生于世间，祂清楚地指出所有神儿女的选择。

我们儿女所不知道的是，这世上的第一对父母，即亚当和夏娃，犯下了严重的过错，他们违背了全能的神。他们违抗了神明确的指示，吃下了分辨善恶树上的果子。他们屈服了化身为蛇的恶者的谎言。这使我们世上第一对父母以及后代们永远地被罪孽玷污了。以上世上人们的历史。

5

天界

天上的国度

我认为自己是一个典型的基督徒。身为基督徒,我对天堂的性质和特征有很多疑问。我们都听说过很多关于天堂的故事,圣经中也在也有记载和描述。但我想借着我与全能神之间非常亲密、充满爱的关系来探索天堂的真相。这绝不是对天堂全面的认识,但它的确为我们对天堂的了解提供了很多亮光。天堂是一个属灵空间,不属于自然界,这是毋庸置疑的。首先,以下是圣经文献中对我们天国命定表述的一些形象。

在创世记、出埃及记、利未记、申命记以及旧约全书中,天堂被形容为"地上一切之上和众星所在之处"。这是对天堂最基本、最根本的理解。

在新约中,从马太福音开始,天堂带有了不同的形象。马太将天堂称之为"天国"。它也成为我们天父,即全能神的所在之处。它是天国中神的居所。它也是人子(即马可福音中描述的主耶稣基督和天使)的居所。

在路加福音中也提到,它曾是天使路西弗的所在之处,直到他背叛神后从天堂如闪电般陨落。在希伯来书中,天堂也被描述为圣所。在启示录中,天堂也被描述为神能力、恩典以及那些接受全能神的爱之人的永恒喜乐的泉源。

一些有关天国的详细问题

你在神伟大创造中的生命目的

有鉴于此,我有一些问题,希望天父能给予我们更多对于这方面的知识。

我的问题为:

- 天界是否和三一神同样永远存在?
- 天界拥有那些细节?请描述全能神所在之处。
- 相对于灵界与自然界,天界究竟有多大?
- 天界的边界是如何抵御罪恶、恶者与其邪灵们?
- 进入天国的入口或大门只有一个吗?

我拿着笔电坐下来,默想这些关于天堂的问题。我向天上的主祷告,询问祂是否会回应我,知晓我会在我的第七本书中发表这课题。神温和且充满爱地回应了我的祷告,以下为祂的话语和启示。你手中的这本书是基督教文献中唯一一本得到全能神准许,作者从神那里领受启示,并被允许将其印刷出来,以祝福祂儿女们。

有鉴于此,我们来到了本书特别重要和有趣的部分。在全能神的帮助下,这部分将描述天堂究竟长什么样。据我们所知,天堂肯定与我们现在所处在、充满恶者气息的世界大有不同。随着时间的推移,这世上的环境只会越来越糟糕。因此,让我们专注于我们基督徒的未来。

全能神回答以上问题

7月30日，2022年，下午5时28分

我亲爱的儿女们，三一神一直生活在天界。它没有起点；它现在存在，并将一直存在。它是永恒的，你们在自然中所谓的时间并不存在。无论你是否意识到，天堂就在你身边。天堂也是一个地方。在这个空间里，存在着不同形态的生物，当然还有三一神中的我们，全能的神，天父，我自己，也就是祂的独生子，以及从我们三一神中向外延伸到其他空间的圣灵。

这当然也包括按照我们形象所创造的儿女们。天堂没有外部界限，而其内部，包含了你在此书中所描述的其他空间。如你所知，我的儿子，我们三一神是纯粹的灵，我们的同在充满你所说的天堂的整个空间。同样，它还包含了所有不同的时间维度，在你们的科学家正在研究的所有多重维度中都是无限的。

我们的三一神可以轻易地使用空间、时间与其他维度，相互探索各种无穷无尽的属性、格性与强烈的爱。

亲爱的孩子，在书中，你正在探索自然界、灵界与天界的特征和性质。当然还有其他的空间，但都与你的存在与计划无关。倘若我们愿意，三一神能够依据目的与需求创造出更多的维度与空间。

请记住，只需要一个念头，我们就能让某样东西诞生，而且已经完成了。

从永恒开始之前，你们所说的天堂就是我们的居所。我知道对你们来说这听起来像是矛盾的说法，但事实并非如此。考虑到我们创造了你们所不知道的所有不同维度，这种说法是无法理解的。

然而，这是千真万确的。你曾问及更详细地定义天界究竟长什么样。它不像你现在所居住的自然界或灵界。例如，它的物理定律就与世上的物理定律大为不相同。那里有更多的自由，你可以来去自如，不费吹灰之力。你只需要想一想你想去的地方，你就可以让它为你而存在。

在这里，我们通过你们所谓的心灵感应进行交流，无论是神儿女们或天使们，当然也包括三一神。但这并不表示天界是寂静的，而是恰好相反。你们的天父喜爱听天使们歌唱，也喜欢聆听祂儿女们的声音。如果你在地上无法歌唱，这不是个问题，你会惊讶你在天界的歌声是如此美妙动人。

天使们会根据你的意愿常与你相伴出入。所有人会彼此了解，倘若你愿意，你们也能够了解彼此在世上的挣扎。你们在天界所感受到的爱和欢乐是远超所想象的。

我儿，我知道你还记得你曾经在太平洋上的飞机里看见金黄色的球体向你显现。你也在那时刻听见"神爱你"这句话。随着那简单的信息而来的是对你无比强烈的爱。我知道你想要在飞机的通道上来回奔跑，到处宣告神爱我们。所幸你没选择这么做，不然你会给他人制造混乱，质他人于危险中。

如我早前说过，一切存在的空间都在天界中。但这并不表示任何事物因对恶者撒旦和其爪牙们的坚固防护而无法进出自如。天界有各种不同的物理和属灵的作用，完全可以抵御不属于那里的灵魂的入侵，无论入侵的程度有多小。

在天界中有不同层次的存在。准确来说，天界一共拥有七层，而满足感、成就感、愈发浓烈的爱意与其他奖赏随着每一层增加。这些奖赏与儿女们在世上的表现相符合。

我儿，请记住，自然界和灵界的创造与人体是完美契合的。这是好让你肉体的需求通过世上的资源得以满足。而就如我之前所说的，你的大脑和你的灵体是与灵界完全契合的。

很多人猜测天国，即全能神、圣灵和我的居所，究竟有多大。你的天父如此疼爱祂的儿女们，以至于在你们独一无二地被创造后，身为灵体的你们与天父同在。这是为了让神能够享受你们每个人的同在,并以符合你们的恩赐、性格、特点以及你们出生在世上后已决定的人生轨迹的方式来爱你们。

圣经中提到全能的神仔细地认识每个人,甚至连头发的数量都数过,这是千真万确的。对全能神来说,祂不仅居住在万物的四周,而且我们还知道你们生命中的一切细节、你们的动机、你们所说的话和所做的事等。通过这种方式,我们能够将绵羊与山羊分开。万物是没有秘密可言的。

天国的规模比我所描述的天堂来来得小。因为天国,即我们三一神的居所必然比较小。然而,对于与我们永聚在天界的儿女而言,天国是永无止尽的。神儿女们可毫无限制地活在其中。然而,神儿女们将肩负一些的责任,但这些责任是轻省的,因为天界即是所有神儿女们的乐园。

万物都归于我们的儿女去探索,并让他们惊叹天父为他们所创造的一切。请记住,你在天堂所见的一切受造物,以及你们身上的所有,都是神特意为你们设计和创造的,为了给你们开一条道路,好让你们得以脱离路西弗(即如今的恶者撒旦)和其爪牙们在你们心思意念中所造成的残骸。

如果这世上真的有如你们的诗人所说的,一把天堂大门的钥匙,那这把钥匙可以简单地解释为:相信我是你们的主与救主,以及心中装有你们对其余神儿女们的爱。

你也有提问到天国如何被守护,而不被不属于天国的人侵扰?我们实施了几种方法,保守天国免于侵害,但你们是不会明白的。但你会明白的其中一种方式是,我们有好多位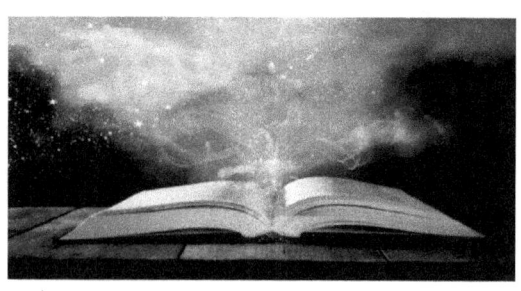强大的天使,它们能够顺着天父的意思,井井有条地管理一切事物。

通往天国的大门是否存在？是的，我儿。只有一条道路和一扇大门能够通往天界。唯有那些名字记录在生命册上的人们，即凡遵守天父的话的人，凡爱人如己的人以及凡遵守神赐予摩西的诫命的人们，方可进入天国。

唯有那些在生命册上找到自己名字的人们才能进入天国。正如你我之前所论及的，只有少数人的名字被记在生命册上。我儿，我还有更多的事可以告诉你，但我相信我所告诉你的一切足以回答你的问题。只要你的读者们愿意花时间和精力阅读这本在三一神的帮助下完成的荣美辉煌的书中的内容，他们将理解万物存在的本质。我儿，我爱你。

以上三页内容，是我们亲爱的主与救主耶稣基督在一、两个月的时间内，所回答的一系列问题。

亲爱的读者们：
我认为你们应该花点心思研读以上来自全能神的启示，并与圣经中相应的经文作比较。你们会即可发现这本书提供了大量圣经所没有的细节。这本书的内容涵盖了旧约之前至启示录之后的范围。首先，如果你这么做的话，你们就会对三一神所创造的不同空间的不同特征拥有一个奇妙的解读。你会知道很多关于许多不同空间的受造物之间的关系。被造物不同领域之间的关系。

这来自三一神中其中一位的启示中存有丰富的知识。通过这方式，你们对基督信仰的一切事物上会有更深的理解和扩张。此外，你们会更理解和亲近三一神。

我所向你们呈现的资讯是无价之宝。这些资讯从未出现在任何基督徒的圈子中。请你们阅读、吸收并研读它。你们需要自行阅读并理解，因为我不相信会有任何一位教区神父能够对这本神学著作给予任何评论。至于我，我之所以能够明白和理解这一切，这是因为我一生所经历的。自从 25 岁的那年起，我几乎每天都有如此神奇的经历。我拥有神学与牧养事工、化学、物理、原子物理和天文学等硕士学位也给予了我极大的帮助。

此外，我曾作为美国宇航局（NASA）里的科学家，我有必要理解神如何如此精准地创造我们的宇宙。这些资讯将在收录在书中的其他部分。这些科学综合的结果证明了我们的宇宙是被精心设计打造的，其中难以置信的精准度是为了让这宇宙能够运作及维持人类的生命。

最后，再次提醒大家，你们正捧着一本源自全能天父的真理金矿。我祷告并盼望你们读了这本书后，将会更亲近我们的天父。通过明白和理解祂所创造的如此荣美辉煌的空间，好让我们能够在天国与祂团聚。在那里，我们能够与祂经历无限的喜乐和爱，我们将能够毫无限制地探索和体现我们对天父的爱。

向全能神提问更多问题

在神为阅读这本书的儿女们赐予启示的几周后，我又收集了一些我想向神提问的问题，这些问题是关于天界和如今住在天上的神儿女们的。问题如下：

神儿女们若已在天界，他们是否还能够上到更高层的领域？请问祢能否为我形容此景？我知道我们的天父是一位不断鼓励成长、理解和学习的神。因此，如果我们在天上，我们也应该会有如此行的机会，对吗？

关于我的第一道问题，祢说道：**"在这地方（天界）里头有其他物种的生命的存在。"** 祢曾提及一些我们已知道的生物。然而，请问还有其他的生命体吗？我对此应该不会感到意外，因为既然三一神是无限的，那么也许还有其他形体的生命存在。

亲爱的主，祢曾经提过以下的事物，让我感到意外。**天堂无界限，而在天堂里则存在着其他的灵界空间。** 我从未想过天堂中存在着其他的空间。这是否表示天界在某种形式下是与其他空间相叠的？天界是否与其他空间融合在一起？或是，这些空间是并列式的？除了灵界，因为灵界和自然界是相叠的，好让神儿女们能够使用他们的灵性和肉体。

这是否表示天界也存在着我们所称之为地狱的空间？在路加福音中，祂形容路西弗为被逐出天堂，而随后成为了恶者撒旦，即世上的王子。这种"上"与"下"的说法表明，天界可能存在着某种维度。请问这是否正确？

另一方面，因为这道问题刚好从我脑海中闪过。我亲爱的全能神，万物（无论看得见或否）的创造主，请问祢如何定义"生命"？虽然对此，我有个人的定义，但我的定义不算数。祢如何定义和描述"生命"才是至关重要的。我想要知道，而我相信所有神儿女们也想知道这答案。

万物无秘密。祢曾提及这句话。当然，这是在预料之中的。然而，亲爱的主，请问祢能否对这课题（万物无法存在秘密）上给予更仔细的解释？还有，为何万物需以这方式被创造？

然而对与我们永远同在天界的儿女们而言，将是永无止尽的。神儿女们对此将毫无限制。

我对此有个很具体的例子和问题。身为一个拥有商业飞行执照的飞机师，这是否表示，我（在不知道如何发生的情况下）能够驾驶着一架波音 747，即我最喜爱的飞机，在天国里从旧金山飞到巴黎去？我知道这是一道很好笑的问题，但这是一个很好说明我所认为的天界的特质的例子。是的，亲爱的主，关于这一点，祢可以取笑我。我已经可以听到祢正在笑我的声音了。

来自主耶稣基督的回答
2022 年 8 月 22 日，上午 11 时 20 分

哦，我亲爱的儿子，你确实提出了非常有趣和中肯的问题，回答这将为神儿女们带来益处。谢谢你为他们向我提问。关于已在天国里的儿女是受能够更上一层楼的问题，答案肯定是"可以"。是的，你是正确的，天父鼓励更多地工作和学习，不单是学习更过关于自己的事，而是你周围的事。而通过学习，你将会自动地增加你去爱和帮助在天国中的其他人，而且做得更加细心。这就

是将自己奉献给神儿女们，而这将使到凡是有付出努力的儿女们获得更多的奖赏。

是的，我亲爱的儿子，在祢天父所创造的空间中，的确有其他形体的生命的存在。然而，它们的存在并不会为你的生命和一生带来任何影响。更好的解释为，你们和这些其他形式的生命体是分隔开来的。这对你们而言是件好事，因为若你们知晓又另外的生命体存在，表示你们需要接触不同的物理定律何情况。这些另类的神儿女们与你们所面对的情况完全不同。一切关于另类的神儿女们的事物，对你们而言是非常陌生的。因此，关于另类空间和生命体的认识，对你们而言是毫无益处的。倘若你真的知道关于它们的事，那将对你回归三一神（特别是无尽慈爱的全能天父）的道路造成不利的因素。

关于天界的大小，天界没有界限，这是真的。天界涵盖并超越其他空间。天界之所以如此，这是因为圣洁的三一神能够通往一切的空间，并存在于一切空间的每一颗微粒中。以上所有都指向神儿女们回归天国的道路的创造，即是他们的救赎。天国相对地小，周围都有极为坚固的边界，即便是最轻微的入侵也不可能发生。

首先，这是一道非常有深度的问题。这是万物的基础。对于三一神而言，也同样对所有神儿女们而言"生命"是什么？这表示存在于灵界与自然界的生命体必须带有特定的特征与属性。在灵界中有丰盛的生命，具备与其他生命分离的独特身份。一个独立的生命表示一个个体和独立的意志，并能够以个人的角度感知周围的一切事物。此外，这也表示能够与同类沟通并能够让同类视为独立存在的个体。生命必须拥有至少最低水平的智慧和推理能力。此外，生命必须拥有记忆，并遵循某些规则以控制去在所生存的环境中的行为。他们的生命必须能够与其他同类建立关系，并能够参与集体活动和具备独自行动的能力。它必须有感知能力，吸收有关环境或其它生命体的信息。他也必须能够根据经验、记忆、环境所提供的信息甚至是本能和习惯做出决定。它必须能够为了自己的生存而采取行动。以上是一些自然界生命的所标记的特征，而灵界的则有所不同。

你在神伟大创造中的生命目的

关于万物不可能有秘密这回事,这是你天父对创造万物时的决定。试想想,如果以上说法是错误的,那将会发生什么事?在神儿女或人类生活的圈子内,如果没有真理,或者自然的流动被未知的秘密所限定,就不会有文化、社会、爱的关系的产生,因为爱建立在对彼此详细了解的基础上。在任何情况下,人们都会理所当然地怀疑任何人和每个人。即使在最简单的人际交往中,社会也将无法正常运转。

人类的司法制度基于被告被发现试图隐瞒和保密事实。如果没有真相的揭露,社会就不会有正义,罪案受害者就无法对以某种方式对造成损害的犯罪者进行追索。简单地说,秘密不应存在。你们所说的审判日的决定是建立在神知道每个儿女的每一个小细节的基础上的。这表示说神不仅要了解一个人的行为,还要了解他的情感、动机、意图,以及其他影响人灵魂和思想的因素。

几乎所有人都不知道活明白,对神而言,人们的心思意念中是没有秘密的。三一神知晓和揭示一切。这是用于对每个神儿女的永恒未来做出完全公平决定的依据。亲爱的儿子,我喜欢你的这道问题。

我让你来举出一个超级有趣又复杂的例子,以说明天国的维度。这对我而言,表示你明白天国如何存在于天界之中。我也知道你在世上一生中最快乐的时刻就是在飞机里做各种只有老练的飞机师能够做的事。

我对你问题的大难肯定是"是的"。为此,如果你愿意,你还可以把你拥有的飞机开到月球上去。请记住,亲爱的而子,在天国里没有任何限制。以我对你的了解,我想你甚至可以试一试。看着你做这样的事,还有其他许多你的想象力会带来的事,我会感到非常高兴和快乐。

如今我已具体得知天国有究竟多么无限。如果我可以开飞机飞往月球，那么其余种种的想法也陆续有来。 我的好友去世了，我知道他在天国里。在他去世后，我曾好几次和他交谈。他喜欢摩托车。如今我可以想象他也可以骑着摩托车往月球去。

亲爱的基督徒读者们，请记住，尽管以上一切听起来奇怪且疯狂，这些不实际的例子说明了神的天国对我们，即神儿女们而言，是如此无极限。天国确实是永恒荣美辉煌的乐园。在我与我们的主与救主耶稣基督的交谈中，祂具体告诉我再天国里是无极限的。如果你仔细想一想，如今你明白为何我们的天父要求一丁点的罪恶都不被允许出现在天国中。所以，请停止犯罪。亲爱的读者们，请仔细思考这回事。

此外，也请思考为何当一些神儿女们选择不要来到这世上经历试验，他们宁愿留在天国中，而因此他们被永远地被局部限制了。与此同时，他们决定不来到人间也不会为他们沾上任何污点，因为准确地说，他们对天父的爱是如此伟大，以至于他们不想冒任何可能影响对天父的爱的风险。

亲爱的基督徒们，请保持忠心，心存善念，热爱我们的造物主，甚至在不远的将来，我们将在天国里度过永恒。我们将没有任何限制，我们将在凡事上得到三一神最好的爱的指引，并非只有竖琴和小提琴，或许也有足球和棒球比赛？

你在神伟大创造中的生命目的

6

全能神的属性

这是个很美好的操练，因我们使用神所赐的强大的大脑、意识和推理能力来更深地认识祂。

认识神的其中一个最好机会就是认识天父的属性和性格。唯一的神？这个概念在 2000 年前的人们看起来是极其荒谬的。那么我们基督教的天父有哪些属性？祂是所有看得见和看不见的唯一真神。

除祂之外，别无他神。这是圣经里的真理观点。亚伯拉罕在很久以前将这真理传给希伯来人。从那时候开始，我们对神的认识有了很大的跃进。以下列表是旧约与新约圣经所提及的的天父的属性。

圣经中有关神属性或品格的清单
首先，我们是照着祂形象所创造的孩子们。祂是祂跟随者们的慈爱天父。以弗所书 1：2；加拉太书 1：1；歌罗西书 1：1；歌罗西书 1：1；帖撒罗尼迦前书 1：3。

神也有情感，但程度不相同。在此书所记录的对话中，我们的天父展现了"我很喜悦"的情感。我相信这绝不是祂唯一的情感，当中肯定还有其他的情感，如愤怒和爱。祂以许多不同的方式向我们显明祂对祂儿女们的爱，其中包括自然界和灵界的创造，好让我们能够回到祂跟前。祂也提到三一神中的喜乐和满足等。我们也可以从圣经中的经文以及我们与生俱来的情感证实这一点。倘若天父没有情感的话，那我们会有情感吗？是的，神是拥有情感的神。

神是永恒的，没有开始，也没有结束。祂是昔在、今在、永在的神。我从个人经历中得知这是真的。从我与神的其中一个讨论对话中，我向神提问，祂是如何创造自然界的，以及祂在创造这宇宙之前还

创造了什么？祂向我显明其中的细节而我会在书中的下部分告诉大家。诗篇90：2；创世记1：1；诗篇102：27

全能的神是信实（永恒不变）的，祂的应许和话语永不改变。我们在凡事上都可信靠祂，因为祂本身就是真理。记得耶稣曾说过，**"我是道路、真理和生命，若不借着我，没有人能够到父那里去。"** 当我与神独处时，祂向我所显明的一切，大大小小的细节，都是真实的。就如我家庭的事，之后也如祂所说的般发生了。希伯来书13：8；雅各书1：17；玛拉基书3：6；民数记23：19；诗篇102：26-27

神的公正是绝对公平的。祂对所有人都一视同仁，这意味祂给予社会中卑微的人和高贵的人同样的对待。所有的善行将被奖励，所有的恶行将被惩处。有一回我说了一些神不允许我说的话。我当时忘了，不小心说漏了嘴。当下神即刻责备了我，而作为忏悔，我必须多走三英里的路。这件事一直到今时今日我仍记忆犹新。申命记32：4；诗篇19：9；创世记18：

爱正是神永恒身份和属性的体现。神是完美的爱，因为祂总是在我们生命中寻求祂完美的旨意，祂渴望看到我们活在祂圣洁的旨意中。祂是如此爱我们，以至于差遣祂的独生子为我们的罪而死，为要救赎我们。约翰福音3：16；约翰一书4-8，16

全知：神知道我们的每一个细节。祂知道我们所做过的每件事的细节，祂知道我们正在做什么，祂甚至知道我们头上有多少根头发。祂知道我们的想法和我们所说的话。祂能完美地回忆起过去发生的所有大小事情。当我正书写这本书的时候，神与我同在，而当下祂已经知道了这本书的内容。这是祂在以下的一个故事中告诉我的。是的，神确实知道所有的事情，甚至知道每一个细节。在神充满爱的创造中是绝不可能有秘密的，这本书中有多处对这一点作出解释。

全能： 神拥有无限大能。神是无所不能的。对祂来说，没有什么事情能够难得倒祂。

你在神伟大创造中的生命目的

耶利米书 32:17；彼得前书 1:5，从神告诉我关于祂是如何创造灵界和其余两个受造物的过程来看，祂绝对是圣经中所描述的那一位。稍后我会再详述。

无所不在： 神是无处不在的。无论是天堂、灵界或这世上，神的同在充满全地。诗篇中的诗人写道，**"无论我走到哪里，神都在那里。神也居住在我们的心灵深处。即便许多神儿女对这种想法感到很不舒服，并且否认神无所不在的属性。神是无处不在的。"** 诗篇 139：7-12；列王记上 8：27。

这种想法彻底折磨了那些恶者的追随者，因为他们极力想逃避我们的天父以及任何与全能神有直接关系的人。我曾亲身经历过这种现象，也因此失去过一些朋友。有一次，在我 75 岁的生日派对上，我的一位 45 年好友的丈夫用谎言攻击我。他的妻子则为丈夫的谎言辩护，于是我终止了我们之间长期的友谊。没有什么比真理更重要，因为我们的主和救主说过，祂就是道路、真理和生命，除了祂，没有人能到父那里去。这位妻子做了非常糟糕的选择。

公义： 神是无罪、圣洁、完美的。祂所做的一切都是对的、正确的和恰当的。祂没有罪的属性，祂也从不违背祂的话语（圣经）。彼得前书 1:15-16；约翰一书 1:5；撒母耳记上 2:2，申命记 9:14；诗篇 99:9；申命记 32:4；诗篇 145:17

至高无上：神是至高无上的，祂无需向任何人负责。神是完全独立的，祂可以不需要经任何人同意而做出决定。以赛亚书 40：13-14；申命记 4：39；以弗所书 1

真理：神的一言一行都是我们应该遵守的正确言行。无论任何情况，祂始终都是"正确的"。提多书 1：2; 罗马书 3：4; 罗马书 11：33; 民数记 23：19

神知道你生命中发生的一切，包括你生命中的每一个行动和事件。对于神每个儿女而言，没有什么是神所不知道的。真正意义上而言，我们是神的一部分，神也是我们的一部分。

大多数人认为，我们居住在这世上，而神则在天上的某个地方。事实并非如此。神和我们，即祂儿女们，之间是没有空间上的差异的。神是无所不在的，这意味着我们全能的天父此时此刻就在世上与我们同在。祂与每一个儿女都如此亲近，以至于我们可以随时与祂对话。请记住圣经中也有关于这一点的记载。神知道你头上有多少根头发。但大家无需因此感到惧怕。请阅读本书中关于与神相处的故事。

如何直接与天父对话

我们知道神是无所不在的神，这是一回事；但如何从这真理中获得益处则是另一回事。作为基督徒，你可以在任何时刻，无论早晨或夜晚，直接与神交谈。 知道上帝无所不在是一回事，但如何从中受益则是另一回事。作为基督徒，你可以随时直接与上帝对话，无论白天还是黑夜。神不可能听不到你要说的话。对于我们慈爱的天父来说，没有什么事是微小到祂不关心的。我们的天父绝不可能对你所告诉祂的事情不感兴趣。神无时无刻都与我们同在。祂的慈爱时时刻刻都围绕着我们。

如果有什么事情困扰着你，你尽管把要说的话说出来，做个十字架的手势，说一句"我们的天父"和一句"万福玛利亚"。在一个安静的地方做这件事，不要让别人打扰你。然后用你的正常语言直接与我们的天父交谈。说完后，请祂当下就回答你，不是明天或下周，而是当下。请求祂在你祷告结束后立即回答你。请用温和、尊重的词汇告诉神你的问题或请求。

请保持谦卑的态度。你正与全能的神交谈，是祂创造了你周围的一切、整个宇宙以及所有看得见的和看不见的。祂也创造了你！接着，请预备好自己以聆听祂以各种不同的方式作出回应。关于这个话题有很多好书，现在没时间跟大家一一讲解。

另外，求神让你感受到祂与你同在。这并不像许多人想象的那样可怕。当我这样做时，我感受到来自天父的爱和无穷的安全感。恳求祂亲近你，就像你们并肩站在一起一样。祂永远会出现在你的右边，而不是左边。请记住绵羊和山羊的故事。敞开你的心，安息在祂里面，想象祂就在你身边那样。如果你没有感受到神圣洁而宁静的同在，我会感到非常惊讶。我曾多次这样做，尤其是当我为某事感到沮丧时。如果你没有感受到神的爱，请再试一次，先尝试放松，然后慢慢地念出你的两句祷告词。

你不需要等到有问题或困难才能够与天父交谈。你只需念出以上的两句祷告词，然后对神说："嗨，神啊，我只是想向祢打个招呼和告诉祢，我爱祢。"神会喜欢你这样做的。我经常这样做。当我们慈爱的天父对我说"我爱你"时，我经常会听到祂的回应。请不要害怕我们慈爱的天父，因为你永远要记住，祂是我们的创造者，祂已经住在我们里面了。

祂的声音是多么柔和、充满慈爱和清晰，我已经听过祂的声音很多次了。请记住，我们的天父是一位个人的神，祂对你所要说的一切都非常感兴趣。请记住，神是你的盟友。你是按照祂的形象所创造的。祂期待听到你的声音，祂永远不会"太忙"，以至于无法聆听你要说的任何事情。我曾多次这样做，祂有时会在一两秒内回复。没错！亲爱的朋友，祂的回应就是如此迅速。有些时候，神可能会决定在适当的时候再回答你的问题。以下是一个真实的故事，讲述的是一个令人难以置信的事件。这故事发生在一个下午，当时我正在书写这本书的其中一个篇章。

全能的神是一位非常注重个人关系的神

我要强调的是，我所有与神的对话都是心灵感应。如果你站在我身边，你什么也听不到。我亲爱的妻子伊纹杰琳经常和我经历这种事情。有时我们正在聊天，神会突然进来，告诉我一些关于我一直在思考的话题。当这种情况发生时，我亲爱的妻子根本不知道发生了什么事。这时，我不得不告诉她："哦，我突然想到了一些事情，我得把它们写下来，我待会儿就回来。"

我要申命的是，我所有与神的对话都是心灵感应。如果你站在我身边，你什么也听不到。我亲爱的妻子伊纹杰琳经常和我经历这种事情。有时我们正在聊天，神会突然进来，告诉我一些关于我一直在思考的话题。当这种情况发生时，我亲爱的妻子根本不知道发生了什么事。这时，我不得不告诉她："哦，我突然想到了一些事情。我得写下来。我待会儿就回来"。

这就像当神圣的金色球体在太平洋上空的飞机上出现在我面前时一样。当华丽、明亮的金色球体出现在我面前时，飞机上的其他人什么也没看见。那次神圣的显现改变了我的一生。关于这经历的详情，请参阅我几年前写的一本书，书名是《The Divine Resting On My Shoulder》。

与全能神意外的邂逅

下一页是我个人的一个故事，讲述了在毫无征兆的情况下发生在我身上的一起神圣事件。这起事件发生在我编写这本书的其中一个篇章的时刻。当时我坐在妻子的躺椅上，在我们的默想室里使用着笔记本电脑。房间里很暗，里头摆放着几个十字架、圣约瑟和圣母玛利亚的雕像。当下，我并没在写作。

相反，我正思考着一些我想要在书中向大家所提及的课题。就在我心不在焉的时候，我们的天父在没有事先通知或提醒的情况下开始与我交谈。是的，祂是按照祂的时间来做这些事情的，而不是我的时间。

当我们的天父凭着自己的意愿闯入我的生命之时，这是多么令人欣慰和美妙的事情。我敞开我的心，带着爱迎接这些情况。很多时候，这反而更让我松一口气，因为这让我确信，我的天父每时每刻都与我同在。

我再次注意到，祂的声音就像一位慈爱和蔼的父亲，正在温和地与祂的孩子交谈。祂的声音充满了慈祥和爱。祂往往会缓缓说话。我喜欢祂的说话方式，因为我能听懂祂所说的每一个字。每当我听到祂的声音，我感到无比安慰。

你在神伟大创造中的生命目的

2022 年 5 月 28 日
这是我们慈爱的神所向我显明的

到目前为止，我对你书中的内容感到非常满意。我也很喜悦你对创造的理解和描绘。我鼓励你从我儿子那里寻求更多的见解。向我的儿女们传达我对他们深深的爱，这种爱超越他们所想象的。向他们保证，我一直与他们同在，无论是以他们能感知的方式，或他们无法理解的方式。

你是我第一个准许与我直接对话的人，请把我所说的话都写下来。你是我独特的孩子，我喜悦你。请提醒我的儿女们，无论是浩瀚的宇宙，还是这世界，我都是无所不在的，为的是要我的儿女们能够在这世上与我相遇、认识我和亲近我。这是最为让我喜乐的事。

这世界的创造和之前所发生的一切，其实并不如你们科学家所认为的如此漫长。对我而言，那只不过是一瞬间的事。你所说的是正确的，我同时存在于多个维度，是你们所无法理解的。我也存在于你们每个人的体内，甚至在你们的每个细胞中。是我为你们的体内提供能力，好让你们能够活在我充满爱的恩典之中，因为我真的很爱你们。是的，我存在于你们身体中的每一个细胞，我也知道你们头上的头发数量。

当你完成这本书时，你会感到无比快乐和喜乐。亲爱的孩子，我很的很爱你，我想要你知道，我必与你同在，直到永远。

是的，你是正确的。在灵界被创造之前，我同时创造了所有的儿女。你们每个人都比自己想象中更为独特，你们内心中也知道我是你们的父。你可以向我的儿子提问更多关于我所成就的以及我们在灵界被创造之前还创造了什么。你也可以问祂有关这些空间是如何连接在一起的。我知道这是你心所想要知道的。

我会在合适的时候再与你对话。请时时刻刻预备好自己以聆听我的声音。我比你更加认识你自己，因此我知道你脑海中所有想问的问题。你的一生值得被赞扬，因你常常把他人看得比你自己重要。因此我赐予你可以直接与我对话的恩赐。这是个很特别的待遇，而你也很特别。我永远爱着你，而你也将会体会我对你的爱直到永远。最后，不要把你的书浪费在那些不懂得欣赏它的人身上，也不要因为与那些憎恨我和你的人而贬低自己。我会再与你对话。

来自天父的启示就如此自然地以语音文件的方式记录在我的电脑里。当天父说完最后一句话，我顿时哑口无言。当天父说完话后，我向祂确定我所记录下的是否都正确。祂表示我所做的都正确。你所读的就是神在五月份给予我一字不漏的启示。

难以置信，但千真万确

如果你很难接受以上的事件为真实发生的事，我可以理解。但我们必须要记得，在圣经中处处都充满着类似的神迹奇事。其中一个例子即是我们的主与救主，拿撒勒人耶稣基督借着童贞女降生于世间的事件。神可以在任何时候对任何人做任何祂要做的事。

我提及这故事是因为它恰恰显明了神的属性。亲爱的孩子，试想想。我们是何等幸运能够成为慈爱天父的儿女。还有，我们的主与救主耶稣基督也降临人世间并为了救赎我们脱离罪恶而受死在十架上，此举证明了祂对我们无微不至的爱。现今我们需要以爱来回应神，并在生活中遵从祂的诫命。

我也不忘记圣灵，祂一直与我们同在并引导我们。此外，祂一直敦促我们要祷告，并且时刻提醒我们身为基督徒理应如何在世上活着的样式。提到圣母玛丽亚，接下来我将会讲述我与她在高速公路的故事。

我们的圣母玛丽亚一直守望着我

即便是在高速公路上，她也守护着我，甚至是保护我于我自己的手中。这是一起我驾驶 500 马力科尔维特的尴尬故事。当时的交通情况很糟糕，我发现自己身处在一堆车群中，所有车辆都紧密靠在一起。车辆不断地互相堵路，并很急促地变换车道。我急切需要离开该路况，所以不得以"猛冲"以摆脱这些车辆。几秒钟后，我的车速就超过了 100 英里/小时，远远甩开了身后的一群疯狂司机。我

你在神伟大创造中的生命目的

插入了前方车流的一个缺口处。当我加速的时候，我听到圣母玛利亚对我说："我儿啊！减速！减速！减速！

回到家后，我仔细回想一下所发生的事。我意识到自己在高速公路上，发挥着科尔维特跑车所拥有的怪兽般的动力来躲避疯狂的司机。说时迟那时快，我就被天上的圣母玛丽亚给训了一顿。这一切的相互关联真的令人震惊。了不起！试想想，我基督徒的朋友们，圣母玛丽亚一直都与我同在，而且她对我开车的速度感到担忧。她正在保守我们，甚至是保守我们于自己。

我发现到圣母玛丽亚可能并不理解我为什么会有如此行为。我这么做的原因是为了保护自己于在我身边鲁莽驾驶的蠢司机们。驾驶这样一辆性能强劲的跑车的其中一个好处就是它够灵活机动，让我能够迅速与附近的鲁莽司机拉开距离，并加速驶入车流中的空隙，避免他们靠近。

这个故事也许更能深刻地说明，三一神，当然还有我们的圣母玛利亚，是多么地爱我们。亲爱的基督徒，请珍藏这故事，因为它是完全真实的。我们的圣母玛利亚每时每刻都以慈爱的心守护着我们。亲爱的基督徒，请将这个故事珍藏在你的心底，因为即使在性能强大的科尔维特跑车里，它的真实性也是不容置疑的。

你在神伟大创造中的生命目的

7

创造之先有什么？

我的问题： 亲爱的神，在祢创造我们所知的一切之前，究竟存在着什么？祢所在之处又是长什么样的？

全能神所显明的回答：

天堂的各方面都是如此完美，远超你所能理解的一切。是的，我们三位，即是我全能的父、独生圣子以及连接我们的圣灵——延伸到了我们想要创造的维度。

我们深爱着彼此的同在，以致我们想要扩展至我们的儿女们，希望他们发自内心地按照他们的自由意志选择来爱我们。

我们拥有自由意志来运行和动工，也切想我们的儿女们也能继承这一点。我们所处在的空间和维度是无限的。所有事物都如此完美。[1]

如你所描述一般，我们处于超越时间的永恒，即便能够轻易地创造一条时间线并在特定的时间点开始和结束。倘若我们愿意的话，我们能够创造一条你们存在当中的时间线并观察事物的发展并达到最佳成效。其实我们已这么做了好多次。

我们可以将想要的借着想象使无变有。[2] 我们可以根据自己的意思使用创造物。我们三位都是无限的存在，复杂程度远超出你所能理解的。与彼此互动为我们带来无比的喜乐和幸福，因为我们可

---

[1] 我们的天父创造了我们，通过对儿女们的疼爱以获得更大的快乐和满足，而孩子们也通过自由意志来回报祂的爱。
[2] 在全能神里没有不可能的事

以以如此亲密和欢乐的方式互相探索，从中看见和体验彼此不同的个性与品格。倘若我们愿意，与彼此之间的互动可以直至永恒。我们的互动带来了无比的喜乐、满足、幸福与无限欢乐。只要我们三位在一起，我们无需其他的事物。[3]

在永恒的某一刻，我们一致决定想要创造更多属于彼此的爱与欢乐的泉源。我们拥有了创造儿女的想法，我们将深爱着他们，就如深爱彼此一样。我们将有限但足够的才能赐予儿女们，好让你们能在我们即将创造的自然界茁壮成长。我们知晓你们需要这些才能，因为我们也知道，在未来会有天使叛变，它们憎恨我们的儿女们，并竭尽所能想要摧毁我们借着爱所创造的一切。我们的儿女们是我们的一部分。

这就是为什么自然界如此邪恶。这就是为什么我们创造了自然界，好让我们能够到那里去。退化的法则，即科学家们所谓的熵。世上没有任何事物能够如我们一般长存到永恒，这包括我们所创造给你们的肉身。总有一天，我们赐予所有儿女的自由意志会变成一条岔路。在这条路上，你们中的一些人会选择爱你们的天父、祂的独生子（我），以及以荣美的爱与无限欢乐将万物连接在一起的圣灵。

我们已知晓所有人选择与你的造物主相聚在我们已创造的天堂里我们也为那些拒绝我们的感到痛心，因为他们即将走向熵的道路，最终化为乌有。这是我们心中唯一的痛处，但其实是路西弗因自大的叛变而造就了这一切的痛苦与磨难。他也将走向熵的道路，最终在我们赐予你的时间线上化为虚无。

你们所剩的时间不多，因为圣子即将回到世上，将那些将活在完美欢乐中的以及最终会向你们的宇宙一样消亡殆尽的人们分开来。我无法使用你们有限的的感官表达我们三位是多么深爱着你们。我们无法诉尽我们对儿女们选择与我们共享永恒的感受。我们非常爱你，我儿。我们期待迎接你和你永恒的居所。是的，我儿，

---

[3] 全能神（三一神）的每一位都是无限复杂和满有喜乐的，让其余两位探索彼此和享受彼此。

当中包括你所爱的人，还有你的狗狗。.⁴ 我希望我解答了你对我们的存在的问题，我们预先创造了不同空间，好让你能够在天堂与我们共享永恒。⁵ 我爱你。

笔记： 以上可能存有语法不正确的句子。有些想法有点不连贯，需要一些智慧的言语来解释。我之所以如此书写，这是因为我是如此听见耶稣对我说话。我绝不会修改或翻译我们的主和救世主告诉我的任何事情。

在我的一生中，我从未听到过如此大有能力的话语。全能的天父确实解答了我有关在三一神创造并稍后从罪恶拯救我们的空间前，祂们已存在于世的所有问题。祂准确地解释了祂们创造不同空间的原因，我会在下一页讲述此事。

神如此深爱着祂的儿女们，祂不单差派祂独生子降到世间，祂也为了我们每个人的救恩，创造了无数的空间。是的，神如此爱我们，祂按照自己的形象创造我们，也创造我们得以居住在其中的宇宙，好让我们能够选择相信祂与因爱而与祂在永恒、充满爱的天堂共度永恒。祂还创造了其他的空间，目的是为了帮助我们在这世上存活，让我们有机会选择全能的天父，从而与他一起在天堂里共享永生。

所以，亲爱的读者们，请记牢。我们所居住的宇宙，所有的星辰以及所有在其中的，都是精心为我们而设的，让我们通过自由意志选择罪的救赎。这就是整个宇宙存在的原因。亲爱的读者，试想想，你对全能的神是如此的珍贵以致祂会为你成就这一切，为的是要就救赎你。

---

⁴ 神对我们每个人都了如指掌，祂甚至直到我对我爱狗们的爱。
⁵ 神非常爱我们，以至于如果祂没创造灵界与自然界，我们就无法得着罪的救赎，从而无法与三一神的神在永恒中共享欢乐。稍后再详述。

你在神伟大创造中的生命目的

8

创造神儿女们的决定

开始是不存在的，只有全能的神。圣父、圣子和圣灵存在于祂们所创造的空间。三一神所处在的空间是无极限的。所有事物都如此完美。

对神的提问：我知道神儿女们就如祢使用无尽的爱和能力所创造的万物。亲爱的主啊，请问三一神是何时决定创造我们，以及是什么原因让祢想要如此行？

我坐在躺椅上并把笔电放在腿上。我正使用着语音文字转换软件。我可以对着麦克风说出来自全能神的启示。亲爱的读者，你们也许除了从圣经中的文字记载中读到但从未思考过这些事情。我真的对神究竟在何时从虚无中创造我们而感到好奇。这篇章是为了丰富你对天父对你我的大爱和关怀的理解。毕竟我们虽都是照着天父的形象被创造，但同时各个都是独一无二的。

创造神儿女们 / 个人讨论

亲爱的主啊，我现在是否正在与祢对话？

"是的，我亲爱的儿子，你正在与我对话。我十分爱你。你在我眼中是独特的，让我对你透露关于我们的事感到无比幸福快乐。你对认识三一神的兴致让我们感到十分欢喜，而当你完成你的写作后，你也会为你所书写的一切感到同样地欢喜快乐。我会回答你所提问有关神儿女们是如何被创造的问题。

这事发生在许久以前，我先暂停一下，让你的心思意念与我一致。你准备好了吗？

（我）我想我应该准备好了。

之前，三一神决定要创造出能反映我们彼此间的荣美和属性的儿女们。我们也希望儿女们像我们一样拥有自由意志，并拥有一套有限的能力，为他们最终与我们一同进入我们的居所。在那时，他们将能够体验到我们所感受的无穷欢乐。

他们将与我们共享这美好的体验。你无法想象我们所能成就的、所能经历的以及我们所拥有的无比欢乐。但是，我们已赐予儿女们能力，如果你们培养发展你们的能力，你们将达到我们所能达到的高度。

你们无法明白成为我们是个怎样的体验。如今，你无法完全理解你在这方面的潜力，但你可以达到你存在的美好、开心和辉煌，而仅有一小部分的宗教仪式提示了这一点。

理查，我亲爱的孩子，他奉我的旨意向你们传达此信息，好让你能更深入地认识我们。我们，三一神，真的很爱你们，以致我们向你们每个人伸出膀臂来表示我们对你们的大爱和接纳。我们祷告，希望你们每个人都接受我们和平的和接纳的邀请，屈膝祷告并接受我们为你们平安且充满大爱的神，好让从此时此刻起不再有任何暴力或自私的举动。

抵挡任何企图以各种形式散播仇恨、自私和分裂等行为的人，因为他们肯定会将你带到地狱去，让你最终化为乌有。理查是我差遣到你那里去的信使。请好好听从他，因他将会将你领向我。我现在得先离开。这本书里有着更多来自你父神的信息。奉祂的名，我爱你们。阿们

几个月后，我又问了一道息息相关的问题，作为神儿女们，我们一位自己在天国中与三一神同在。我们当时还是灵体。是的，你和我都在很久以前都曾是处在天国里的灵体，与三一神在一起。那是我们被选召来到这世上以为着我们的永恒归属做决定前。

全能神的回答：

"乐园是完美的，超越你所能想象的。"

" 在某个超越时间的时空中，我们一致决定要创造让我们三位彼此更加享受、开心和互爱的源头。我们便有了创造属于我们的儿女们的想法，这些属我们的儿女会十分爱我们和彼此。"

请暂停一会儿。这是这本书中最重要的部分。它指出了每个三一神的儿女们的重要性。三一神无限地爱着我们，就如祂们深爱彼此一样，直到永远。我们必须深度思考这件事。我们每一个人都得让全能的神成为我们生命的中心，在凡事上都以祂为首。如果你选择不遵从神并拒绝祂，那么你将会与恶者撒旦极其爪牙们在一起，随着自然界在目前已在运行中的熵变定律下消耗殆尽，化为乌有。它是将有序带入无序、随机或混乱的物理定律。

我们赐予我们的儿女们，即你们，有限但足够的才能，让他们在我们仍未创造的自然界中欣欣向荣。我们知道你们会需要这些才能，因为我们已经知道我们未来中的其中一位天使将会反叛。它会因此憎恨我们的儿女，并会竭尽所能摧毁我们心爱的创造物。我们的儿女就是我们的一部分。

我们深爱彼此的存在以致我们也想要将其扩展至我们的儿女们，我们想要他们通过个人自由意志打从心底爱我们。我们拥有自由意志来做我们所喜悦的事物，而我们也想要我们的儿女们继承这一点。

我怎有可能讲述神所显明的以上话语，它们是多么地荣美辉煌。它讲述了我们身为神儿女以及我们拥有各种不同的恩赐才能，这包括我们所拥有的荣美辉煌的恩赐，即个人自由意志。以上句子也讲述了我屡次在书中提出的要点，即为何万物，无论看得见或否，存在于这世间。 这是因全能的神对我们神儿女的大爱，好让我们拥有选择与三一神永远同在超越我们想象的乐园里的机会。如果你从这本内容极其丰富的书中学不到任何知识，那么请向你先前的想法学习。

给予我们每个人永恒抉择

这已多次被提及，我们每个人在世上都拥有一个选择，即是天父与恶者撒旦之间的选择。我们也得承认我们并不完全明白我们的灵魂。我们的天父赐予我们个人自由意志。我们在世上所创造的将会反映出我们的内心。它也反映了我们的个人自由意志，无论好坏。

为了发掘我们内心深处所存在的事物，我们必须公平地被试验，好让我们能够知道我们内在的核心。所以，几乎所有神儿女，选择在世上，以一生的年日，试验我们存在的核心。在世上，你们必经历苦难，而恶者撒旦会以各种方式攻击你们。正是你对这些试探和攻击的反应将显明你决定自己将会成为何种人。

那些选择不到世间的人们

在你们当中，有些人将选择不到世界去，因为你不想要冒回不来天国的风险。你们的天父尊重这个选择。对于这些案例，祂儿女们将继续留在天国里。，但他们的行动和行踪将被限制。你们的天父永不会允许任何含有罪的象征和潜质存在于天国中。因此，神采取了适当的关爱措施，以照顾那些不参与这项人生试验的儿女们。天国中的所有人都完全理解这选择，并尊重所有做出此选择的儿女们。

这种做法绝不丢脸，或会遭到二等待遇，因天国爱这些儿女们，并像爱其余儿女般爱他们。这不到世界去的决定也被视为对三一神深切的爱，是个美好之举。做出此选择的儿女们不想要冒任何回不来与天父在天国同在的风险。此举被视为非常正面的评价。那些选择到世上去的也被视为非常富有冒险精神，而且他们想要向万物显明他们对天父深切的爱，并享受三一神的同在。事实是，许多神儿女们都屈服于恶者撒旦在世上的诱惑而不再回来。这些决定都是出自所有人的自由意志。没有任何事物是被强加在神儿女们身上的。

以下是来自全能神，关于我刚才所提及的课题的见证。虽然当中有一些冗余和跑题的句子，但这些都是我们慈爱天父的话。我向祂询问关于我在天界的经历。当时我看见了我的第一个孙女正准备，再多几个月她将诞生在世上。如今她已上了大学，是个非常聪慧的学生。我以她为荣。

你在神伟大创造中的生命目的

我的问题很简单,究竟每个来到人世间的属灵儿女们会发生什么事?他们在诞生于世前都做了什么准备?

在我们诞生于世前
2022 年 9 月 30 日,上午 9 时 46 分
耶稣基督

我亲爱的孩子,这是一个漫长的过程。我们先不讨论哪位神儿女将成为下一位到人世间去的挑选过程。那是一个充满许多细节的过程,目的是为了满足每个儿女在天国期间的需求和喜好。在挑选过程完成后,我们也确保神儿女们在世上的属灵需求上会被满足。此外,我们也确保他们在世上的地位和地理位置是公平的。

这也表示他们真性情的揭露,究竟是回到永恒的天界或选择与恶者撒旦一起为非作歹,过着完全不顾道德伦理以及其他基本行为标准的生命。凡是选择恶者撒旦,他们也将明白,他们会经历你所指的熵变而最终消耗殆尽并化为乌有。

在完成了满足神儿女们的个人需求的挑选过程后,他们需要经过下一步的准备功夫。这包括许多事物,例如让他们适应自然界的生活。请记住,没有任何一个神儿女知道究竟会发生什么事,因为他们自被创造以来都是灵体。他们必须适应几点,例如:他们无法在瞬间就获得他们想要的事物。他们必须理解什么是苦难和恶者撒旦的谎言,因为他们不曾经历过这些事。

他们将不会明白不诚实的体验和其他恶者撒旦为自然界所带来的种种患难。这就是为何世上的小孩子相信所有他们被告知的事物,并却如此轻易相信世上一切不真实的事物。

只有当每个儿女都对即将来临的事情,以及他们最根本的决定,即对神或对恶者撒旦表忠心所带来的后果感到满意后,他们才会与他们的守护天使建立联系,这些守护天使将会在他们在世的一生中陪伴着他们。接着,他们会了解他们将诞生在的家庭,他们将会明白世上家庭生活的一般动态并认识自己即将出生在的特定家庭。

没有任何事物是偶然的，这一切都是你们天父的旨意。一切都是精心策划的，完全不是出于意外。在经过漫长的准备后，他们将决定在母亲怀孕的哪个阶段居住在母亲子宫内正发育的胎儿上。关于这一点，每个婴儿都不一样。在母亲怀孕期间，可以准确地说，子宫里的神儿女在三一神的祝福下发育成长。

这就是神儿女在被准许诞生在世上前一切准备过程的大纲。我们在每个儿女离开前都为他们祷告，期望他们将会通过邪恶的考验并回到天界与我们团聚。整个过程将显明他们个人自由意志的选择。

唯有当神儿女们在世上时，他们才会完全地理解自己以及他们做任何决定的原因。而最后，他们将决定他们生命的主题。就如你，我亲爱的孩子，你选择过一个以他人为先的生命。

这其实是一个非常艰难的抉择，因为在世上有许多的苦难。但我亲爱的孩子，你在诞生于世之前已选择了这条道路。我为你感到十分光荣，我亲爱的孩子，因你已实现了属灵的伟大，即周围的人所没意识到的。而如今，你会把你探望正在做最后准备诞生于世的孙女的故事在你这本书中，这是非常好的。我爱你。

看见我第一个孙女诞生前的故事

通过我个人的经历，我知道这是真实发生的。大约 18 年前，我正着急地等待我第一个孙子的诞生。我为自己即将成为爷爷感到无比开心。我发现即将诞生的孙子是个女孩。我很着急地想握着她的手并告诉我这新生的孙女我很爱她。有一天下午，我正在我的冥想室。如往常一般，房间是昏暗的，而且我戴上耳机以防止自己被打扰。我就坐在我的躺椅上，并想着我即将诞生的孙子。

忽然间，我发觉自己正要离开我的躯体。下一件事，我所知道的是，我正处在一间繁忙却很安静的房间，里面有好多事情正发生着。我可以听见灵魂们做事的杂声。我不是很清楚他们在做些什么事。我能够看见许多小小灵体，他们诞生于世之前的外表就如我所形容的。他们看起来都极为相似，你无法分辨他们。尽管所有小孩灵魂是独特的，但他们的身形都是相同的，而且还在那里不停地晃动。我被告知，这些灵魂正为着来到世间的生命做准备。我不知道这是什么意思。

有趣的一点是，即便这些灵体长得相似，但却是不相同的。请记住，所有的神儿女都是独特且独一无二的。这表示说我所看见的每一个看起来一模一样的呈白色灵体都具备着独一无二的潜质、基本性格、兴趣、能力和才能。这些差别都会在每个小孩诞生后彰显出来。每个小孩的特质会随着年岁的增长而逐渐成熟。

有一天，我在祷告中询问天父，为什么我会拥有这些属灵恩赐，是人们所不知道的。祂回答道，**这是因为你在诞生前所做的决定。**神啊，我究竟说了什么？神很确实地用以下的话回应我：**"你做了决定，要活出以他人为先的生命。这就是为什么你被赐予这些恩赐。"**

婴儿在天国培养皿中的形体

这些即将诞生的婴儿们有着看起来像<u>半透明、蓬松、纯白色的保龄球瓶</u>的外表。但他们的上半身看起来比较大。他们有着一双炭黑色的小眼睛和一个小黑鼻。那里有大约好几打的"未来婴儿"的灵魂在四处走动。忽然间，其中一个灵魂越来越接近我，大约 18 英寸的距离。这个灵体貌似认识我。是的，她知道我是谁，而她直勾勾地看着我，而我也即刻知道她是谁。这小小白色灵体就是我的第一个孙女，我的媳妇还有三个月就会将她给生下来。我不知该对她说些什么，她也没开口说话。我们就注视着彼此，知道彼此是谁。一会儿后，气氛开始变得尴尬起来，随之我在灵界的托儿所探访时间也结束了，而我发现自己已回到我冥想室内的椅子上。

我坐在椅子上一会儿，思考着刚才所发生的事。我无法接受我是如此蒙福，被赐予如此恩赐以经历刚才的事的事实。用不着我开口，全能的神已知道我在想什么。神照着祂的旨意，默默应允了我的祷告，让我在那个下午到天国育儿所，探望我的第一个孙女。我亲爱的朋友，请更多思考这种事件，因为这在神的创造中是普遍的。

未来

请在此刻暂停一会儿。这是书中最重要的一环。它指出了每个神儿女对三一神来说是十分重要的。我们被三一神以无限的爱疼爱着，就如祂们彼此相爱一样。我们都得需要认真思考这回事。我们每个人都需要将全能的神成为我们生命的中心，在我们在世上的所作所为都认定祂。

如果你选择拒绝神的话，那你将会和恶者撒旦以及其爪牙们在一起，并随着自然界的熵变定律消耗殆尽并化为乌有。这过程会将恶者撒旦和所有关乎它的一切都化为乌有。在这宇宙中，熵的过程已在进行中，它正发生在自然界中的一切事物上。请记住，熵是宇宙的一种属性，它增加了物理物质的随机性和混乱性。物理定律将秩序带入无序、随机、混乱和最终化为乌有。凡是拒绝天父的神儿女们将会面对这下场。耶稣基督亲口证实，要小心第二次的死，而这就是祂所说的。

你是否有想过为什么我们会随着时间逐渐衰老？衰老是我们在世上生活必然经过的过程。无人会询问或质疑它存在的原因。衰老之所以发生，这是因为我们的肉体因熵的力量而导致体内所有物质的随机性增加了。如果有人向你投诉说他们逐渐衰老，请告诉他们其实是在因着熵的影响而受苦。耶稣称这科学术语"熵"为"退化的定律"。无论你在世上长得如何，这定律都在充分发挥着其作用。人的衰老、锈蚀或是机械的磨损，都是熵的过程或退化定律的结果。

他们无法明白你所说的，但你所说的却是 100%正确的。以上来自天父的内容显示出祂们创造你和我的目的。坦白说，神有如世上慈祥的父亲一样。祂想要祂儿女们享受祂所拥有的美好经历。祂也想要我们继承这一切。祂要我们拥有充满无尽的喜乐、爱和满足的永恒生命。我们在天上不会像在地上一样被限制。我们拥有来去自由的完全自由。

请看看祂为了让我们得以摆脱这世界所带来的混乱（仇恨、毁灭、混乱、困惑和一切腐朽的事物）所成就的一些。恶者撒旦还吸引了许多神儿女在世上为它卖命，这些人把自己自私的目标和欲望凌驾于神儿女们之上，即是我们在这世上不得不忍受的一切欺骗和谎言

你在神伟大创造中的生命目的

的根源。请记住,若某人将自己看作比他们更重要,这就表示这个人其实是在敬拜自己,并凌驾于其余神儿女之上。这好比亵渎神的罪。当法利赛人说耶稣基督使用了别西卜的能力对又聋又瞎的人神迹,他们所做的正是这种事。实质上,法利赛人攻击的是神本身。

这世界已被罪恶和由罪恶所产生的一切所污染。我们生在世上,自然而然明白到由罪恶所产生的冲突,是自然生命的一部分。只有少数人探索这一切的根本原因。书中已提到了世上冲突存在的种种原因。终有一天,罪恶会因神的大能(熵)而化为乌有,但还不会那么快发生。这需要等到我们回归天国,与我们的救主耶稣基督、天父和圣灵共享永恒之时才会发生。

9

设计属神的儿女们

以下内容正是全能神给予我的启示。即便有些句子多出了一些不合适的词语，但为了完整地呈现所启示的内容，我仍然把他们给写下来。

对此我们需要对时间的概念保持敏锐。自然界与天国的时间流速大为不同。

因此，根据全能神的意愿，对祂来说一天可以是这世界的好几千年。目前对于三一神究竟花了多长时间设计我们人类的肉身仍然是尚无定论的。但全能神的确说过，"我们花了很长的时间来设计。"十分有趣的是，神所为我们精心设计的肉身可以很轻易地同时与自然界与灵界相连接。

这对于我们完成在世上决定跟随哪条道路的使命是必要的。亲爱的神儿女们，我们的选择是非常明确的。要么选择与全能的神的天堂之路，要么选择通往地狱和虚无的恶者之路。神在创造灵界和自然界之前，就已经创造/想到了我们——祂的儿女。我们与三一神同在天国里很长一段时间。试想想，我们除了天国之外还能到哪去？我们当然想和我们的父母在一起，他们对我们的爱是无可言喻的。

你在神伟大创造中的生命目的

2022 年 7 月 10 日，早上 9 时 46 分
耶稣基督

我们花了很长时间来设计神儿女们的特征和特性我们知道他们将按着我们的形象来塑造而成。什么意思呢？这意味着他们将拥有我们所拥有的某些能力。这并不表示说他们会像我们一样，因为我们是无形的且是是你们所无法定义的。然而，对于我们的孩子来说，你们需要有边界，好让我们能够与你们交流，因此你们需要生活在我们尚未创造的自然界中。

我们需要创造让你们生活在其中的自然界，但同时我们也可以通过灵界与你们交流。因此，我们必须创造一个拥有形体的肉身、能够在自然界的环境中生存且茁壮成长的生命。可是，这生命也需要能够与他的创造者沟通，好让我们能够给予他机会借着他的自由意志选择与我们到天国去，还是选择去到即将因为路西弗的叛变而存在的罪恶之地。

我们一知晓路西弗会叛变，他也会因心生憎恨而攻击我们的儿女们，引诱他们跟随他。我们也知道大部分的儿女们将会被欺骗而跟从他，以致最终他们将会化为乌有。他们将走上熵在自然界肆虐的道路。凡是通过自由意志选择爱我们的人们，他们将会与我们团聚在无以伦比的天堂，与我们共度永恒。

我们所设计的肉身需要有两个特征，主要是能够经受得助时间考验的生物学要求，从而能够保持健康，也就能有足够的时间成长和繁衍，因为他们会有时间（时间的维度）来了解我们的存在，并决定是否要通过自由意志跟随、爱我们和接受我们，又或者不接受我们，并将这行动借着自然界反映出来，随之被记录在所有的历史中。

或是说，如果他们拒绝我们的爱而决定追随撒旦。在这种情况下，他们将选择毁灭之路，最终化为虚无。他们会借着自由意志来做决定。他们的身体也必须能够繁衍后代，直到全能的天父选择让我第二次归来。

这带给我们一系列的生物学挑战，这也是我们花费最多时间的设计工作。我们选择了唯一一个方式，即DNA和RNA这方式，它极其复杂，而你们的科学家在尝试研究它的复杂性方面已经取得了显赫的进步。你们的一些科学家愚蠢地说，我们设计的东西是偶然出现的。我们至今还在嘲笑这种说法。你们的一些科学家观察到，你们的整个宇宙是由我们精心设计的，在某些情况下，它的设计确实达到了10分之1到140的n次方的精细设计，这样地球才能支持人类的生命。[6]

他们是正确的。回到塑造生命的问题上，我们必须设计出人体，好让它能够在维持生命数十亿年的环境中自给自足，而我们在你们所说的地球上成功地做到了这一点。在你们的宇宙中，没有任何一个天体能与你们目前居住的地球相媲美。

在不远的将来，有那么一天地球将无法再维持生命。即使你研究一下邻近的行星，你也会发现它们也会因为特殊的原因而无法支持地球上的生命。[7]我们安置在地球上的第一对人类拥有一套完整的染色体，并且有能力与我们放置的女性进行繁衍。有关亚当和夏娃的叙述与真实事件相似。他们的存在并不像一些主张生物起源的人所说的那样，是从沼泽地里冒出来的。相反，他们的存在是由我们所精心设计的。我们把他们安置在一个最优美的环境中，这里有树木上有丰富的食物，也有维持人类生命的溪流。然后，我们唤醒了他们，让他们成为男人和女人。

事情就这样开始了。我们确实花了很长的时间（在人类看来）设计出人体细胞内可自我复制的循环螺旋。没错，我们三一神的确一起努力通过我们的意念设计出了它。这是一件美丽的艺术品。

---

[6] 亲爱的休·罗斯博士：谨以此文献给您在为证明神如何创造宇宙的事上所付出的的一切

[7] 过去20年来，天体物理学、天文学和宇宙学领域的科学家们逐渐认识到，在过去的十亿年左右的时间里，地球一直享受着支持生命的"金发周期"。但这个周期很快就会结束。地球上的生命将越来越难以像今天这样维持下去。休·罗斯博士和其他作者已经出版了有关这一主题的书籍，如《不可能的星球》t

你在神伟大创造中的生命目的

我们为自己为儿女们所做的一切感到骄傲，我们计划让每个儿女都成为国度里的一份子。他们只要领受我们的爱，就能够成为圣洁国度的子民，居住在永恒的天国里。

我们的计划其实非常简单。在我们唤醒男人和女人后，他们成为了园子的管理者，园子里充满了各种美味的食物，能够完全满足他们与孩子们的所有需求。这就是你们圣经中的亚当和夏娃。我们也知晓，路西弗会在某个时刻出现在他们面前，引诱他们偏离我们的神圣计划，即是要他们在这片大地上生养众多，后代遍满全地。他们将不会面对痛苦或被毁灭，因他们是我们的儿女。他们不会知晓关于痛苦这回事，因为痛苦并不存在于神的儿女们。

然而，路西弗对全能神的憎恨与日俱增，直至忍无可忍。他便开始疯狂地憎恶照着神形象所造的神儿女们。众所周知，神赐予了祂儿女们自由意志的恩赐。这是因为在创造我们的儿女之前，我们都希望他们每个人都能自愿地爱我们，自由地选择我们，而不是被迫地爱我们。否则，机器人的爱又有什么用呢？

路西弗化身为一种生活在树上的美丽动物。它善于会话，它的气息充满着肉麻而柔和。此外，它长得很迷人。它住在许多不同的树上。但有一棵树，无论男人女人，都被告知绝不能吃它的果实，那就是分辨善恶果树。

因为只要吃了那棵树上的果子，男人和女人就会知道他们永远不应该知道的知识。这将抹去他们纯洁的天性，使他们不再纯洁。他们将成为被玷污的生物，因如今他们已知晓罪恶的道路，也因此永远无法回到全能神的所赐予他们的纯洁。

从那一刻起，神不仅使男人和女人变得不纯洁，还让他们的不纯洁通过男性的后代传递下去，世世代代，永不停息。如今需要神亲自流血牺牲，才能挽回恶者带给神儿女们的一切。这要等到许多世代过去之后才能实现。最后，痛苦和苦难已经进入这个世界，并将伴随人类直到时间的尽头。

你在神伟大创造中的生命目的

10

以诗歌角度鉴赏神的创造

创造与救赎是息息相关的。创造的最终目的是为了神儿女们的救赎。两者都是根据人体和生理的构造精心调整的。此外，占星术的创造设计非常精确，完全符合地球的特定条件，确保能够长期维持人类的生命。不仅如此，宇宙也经过精心调整，帮助银河系，而银河系又支持着地球，使地球能够长期维持人类的生命。倘若打破这链条上的任何一环，就永远不会有人类的生命！进化论者满嘴胡说八道！事实是，神成就了一切！我们的故事就此展开：

神圣洁的儿女们

在永恒的时间长河中，神圣的三一神振奋地决定
浙江给祂们带来极大的欢乐和乐趣
祂们将创造带来无穷喜乐的圣洁儿女们
神儿女们将会按照祂们的形象所创造
三一神无所不知，祂们深知将来所发生的一切
因此，祂们赐予儿女们非常珍贵且重要的礼物——自由意志

祂们将照着自己的形象创造神儿女们并赐予他们伟大的恩赐
这些恩赐将帮助他们度过重重难关
转眼之间，慈爱的天父创造了两个空间
这两个空间与神儿女们完美契合
有能够让人类和谐地繁衍后代的自然界
也有即便不完美，他们也能够和天父交流的灵界

神是全真、全善与全爱的本质
亲爱的主啊，如洁白纯净的鸽子飞入我们的心中吧
三一神，三合一
差派独生子于我们，为拯救我们脱离罪恶
完全成就了，超越时间，一切根基的磐石

你在神伟大创造中的生命目的
神是一切真理的房角石，充满了最深切的敬拜

神儿女们以祂们的形象所创造
在漫长的岁月中逐渐完美
就在慈爱天父的一瞬间
在天国里创造了我们，祂所爱的儿女们
天父并没使用饼干模块，因我们都是独一无二的
我们与天父在漫长时光中一同玩乐
我们各个都与神独自相处、玩乐与学习
并深爱着祂

我们如孩子般天真无邪地爱着祂
慈爱的天父与我们个别独处
恶者的悖逆，以致亚当与夏娃的原罪代代相传
是的，神儿女们都有罪，灵魂都沾染了罪的污点
后来，我们明白，可以决定可否到世上去
许多人选择来到人世间，以考验自己对天父的爱，
但当中却有许多人挣扎。

以祂形象所造，永远如此纯洁。如亚当夏娃，我们得生命
从众星至宇宙，神活着，且深爱我们
我们需要来自数天的养育
倘若无它，我们将枯萎
神赐予我们的话语如此无限且精准
瞧瞧曼德博集合，唯有完美才足够

即便在亚当堕落前，神以知晓祂儿女们的救恩
因此，我们为创造而准备，不是一个，而是两个空间
首个空间让我们儿女们与我交谈，与我亲近
自由选择全能天父，选择现在永恒
第二空间，繁衍后代，活在神的道德范围里
遵守神圣的十诫，将恶者一脚踹开
他极其聪明狡猾，喜欢在缝隙间游走

你若容许他进来，你基督信仰的脊梁迟早会被摧毁

你在神伟大创造中的生命目的
属神儿女们与天父在灵界连结
在自然界中繁衍后代，迎接更多属神的儿女们
让更多神儿女们到来，遍满全地，齐面对考验！
尽你所能了解你的身份，亲爱的孩子们，通过考验吧！
爱人如己，因天国已临近
恶待他人、撒谎欺骗、谋杀蔑视，所带来的就是仇恨
下到地狱，呜呼哀哉，最终化成乌有
你从哪儿来，就归哪儿去

11

神在灵里创造祂的儿女

亲爱的主内弟兄姐妹，我怀着无比喜悦的心情，荣幸地从我们天父那里为你们带来三一神对所有被造物祂儿女的最深邃的思考。我们将在接下来的部分探讨慈爱天父属灵的儿女。我知道，由于我对天界所见所闻的观察，这个话题会给你们带来许多启示，有时还会很幽默。

是的，我儿，神的确在转眼间创造了祂所有的儿女。从你们的时间角度来说这件事可能需要一段相当漫长的时间才能完成。请记得，你的天父居住在不同的维度。祂先创造儿女们的灵体。每个人的思想和灵体都是不相同的。每个人都拥有不同的恩赐，不同的意愿，一切都不相同。

如果你单从外表来辨别他们，他们看起来都一样。之前你说他们看似保龄球的球瓶，是的，你说的一点都没错。他们的眼睛看起来来也确实像小黑点，且中间卡着一个鼻子。当我第一次听你如此形容时，我笑了，因为他们看起来确实如此。我亲爱的孩子，你确实很有幽默感，这也是我爱你的原因之一。

我们的天父想在天国里长期享受他们的同在，才提供神儿女们肉体，以便他们能够选择要否与祂在天国共度永恒，因祂确实赐予了他们自由意志，如同我们三一神拥有自由意志一样。这是如此重要，因为神拥有无限的爱和自由意志，而且祂不会强行任何人做任何事，包括祂所爱的儿女们。如今我需要稍息一会儿，因为我已超越你很远了。

（当我从全能的天父、我们的主和救主耶稣基督，以及在某种程度上从我们敬爱的圣母玛利亚那里领受属天的启示时，这对我来说一直是个挑战。在他们看来，我可能就像每年只移动 8 厘米的冰川一样缓慢，而其实我却时在努力地追赶祂们的思想，我相信祂们的思想比我快得多。在我从一个词过去到下一个词的时候，全能神可能已经创造了整个宇宙。这种情况生动地说明了同时存在于不同的时间线中的概念。）

再次提醒，天父早已知道祂的天使路西弗将会反叛祂并攻击祂所爱儿女们，且取得大规模的胜利，尤其在策动神儿女们在自然界中拒绝神方面。这对你们慈爱的天父来说将是一次非常揪心和痛心的经历。但是，你们亲爱的天父认为这些都是值得的，因为所剩下的儿女们将会通过自由意志选择全心全意地爱祂直到永远。这将让我们感到无比喜乐，因为这是我们从未经历过的，也是我们满心期待的。

因此，所有神儿女在降生到天父同时共同创造的灵界和自然界之前，都在天国与我们三位一起度过了一段漫长且奇妙的时光。灵界和自然界相互依存，就像天父儿女们的肉体一样。它们相互依赖，就像儿女们的大脑被分成两部分，一部分提升灵魂，另一部分则提升肉体。通过此方式，慈爱的全能天父能够与祂深爱的每一个孩子都如此亲近。

问题： 神的儿女们降生到人间之前，他们在天国的生活是怎样的？

在这时期，神儿女们们都是灵体，他们没有任何限制。在某种程度上，只要他们可以想到一些东西，这些东西就会出现在他们小黑点眼睛面前。看，就在那里，他们会玩他们创造的东西，他们会非常享受彼此、彼此合作，也会彼此相爱，彼此间充满爱。当时没有雄性，也没有雌性。

他们需要等到他们出生在自然界才可以知晓自己的性别。哦，我们也可以借着意念就可以四处遨游。他们犹如海洋一般，没有极限。他们也不可能会受伤，是你梦寐以求的。他们可以玩捉迷藏，也可以像小孩一样自己发明各类游戏。他们的天父，与我们另外两位，都将这一切看作是好的，也感到无比开心和喜乐。孩子们的好奇心是如此具有感染力，他们的欢乐超出了我们的想象。

有那么一瞬间，我们 三一神 认为也许我们可以让事情保持原样，但我们知道我们总不能把孩子们关在瓶子里，因为我们已经赐予了他们自由意志和想象力。因此，无论在哪个时间维度内，我们都知道他们迟早会因此变得焦躁不安，而这是我们所不想看到的。

因此，全能的天父才同时创造了灵界和自然界。这两个空间需相互合作，因为正如你们之前所说，我们孩子的肉体是由两个部分所组成的，一部分是肉体，另一部分是灵魂。稍后会有更详细的介绍。理查，我最亲爱的儿子，我非常爱你，我要感谢你写了这本书，让我的话语能够传达至其余的儿女。你将极其蒙福。

阿们。

你在神伟大创造中的生命目的

12

神荣美儿女们的核心

问题： 亲爱的主，我知道我们都是祢所创造的灵体。祢之前说过，我们与圣父、圣灵和祢一同在天国里共度漫长的时光。这是充满喜乐、满足，以及自我与受造物的了解。路西弗的叛变发生在我们被造之前。三一神相互合作，创造所有能看见和看不见的事物，为的是提供神儿女们一条通往天国的道路。

我的问题是：我们（属神的儿女们）是因为亚当和夏娃堕落后为了救赎而被迫来到这个世界上吗？或是我们可以选择留在天父的国度里？

2022 年 7 月 30 日，早上 10 时 46 分
耶稣基督

我亲爱的儿子，你问了一个非常棒的问题。正如你所知道的，神在创造了你后，赐予你自由意志，即祂也赐予众天使们相同的恩赐。爱将神所创造的个体们连结在一起，甚至延伸至你目前尚未知晓的生物。此外，神也赐下爱在当中。我亲爱的孩子，你所知道的世界远不止这些。

在地球所处的银河系发展至适合人类居住之前，你们（神的儿女们）都是天国不可或缺的一部分。你们是完美无瑕的。我要强调的是，即便你们拥有自由意志，但你们却根本没有犯罪的能力。然而，一切都随着恶者悖逆天父而改变。这起事件导致神儿女们离三一神而去的可能性。这起叛变发生于天父创造亚当夏娃和你们所有人之前的很久一段时间。

亲爱的主：请问路西弗的叛变发生在何时？究竟是发生在神创造祂儿女之前或之后？

亲爱的儿子，请仔细想想。早在我们决定照着自己的形象创造神儿女们之前，天父早已洞悉一切。祂晓得，在祂大有能力的众天使中，路西弗将会以邪恶至极的方式反叛祂。无论什么情况，神绝不会允许还居住在天国的儿女们接触到路西弗。所以，早在天父以自己的形象创造你们之前，路西弗与其跟随者们已被驱逐出天国。当时，这世界也还未能够维持人类的生命。

神儿女们可能会犯下的罪

因此，在你们出现前的浩瀚时光中的某一刻，即你们还没被创造之前，路西弗与其堕落天使们从天国被驱逐至灵界，就是专为恶者和其爪牙们所预备的地狱。如今，被称为恶者撒旦的路西弗被迫与被称为邪灵的堕落天使们一同留在这世上。而就在此后，我们每个人才在神的爱和荣耀中被创造。每个人都是神圣洁与独特的孩子。你们是神国度里良善的子民。在那里没有冲突，没有路西弗，也没有叛逆的天使。

那时根本没有任何事物可以引诱神儿女们犯罪。你们是完全无罪的，也因此完全不会屈服于任何形式的诱惑。这些犯罪的可能性都随着当时路西弗与其堕落天使们被驱赶时而离开。

之后，由于路西弗的傲慢由心而生，你们在这时间洪流中也无可避免地会与神其余受造物之间接触到罪恶。

你也许会问，天使是如此完美，但为何其内心竟充满如此负面的思绪？我不会细说，但我要告诉你们的是，这关乎所有受造物的平衡以及万物的一体性。 请记住，神儿女们对天父其余的创造物并不知情。事实上，当时还有其他受造物的存在。这是我现在想要让你知道的。

以上一切皆是你第一道问题的背景，你们可以选择，来到这世上经历考验，通过自由意志选择永恒的命定。选择神，在天国与三一神共度永恒，并自愿顺服神为祂儿女们所制定的规则。或者，选择屈服于恶者虚假自由的诱惑，从而渐渐化为乌有，因为凡与恶者有关的一切事物都终将消耗殆尽。

是否所有神儿女都可以自由选择来到这世上？是的！神永远不会强迫祂的受造物，所有人都有选择权。我亲爱的儿子，你选择了来到世上活着一瞬间以选择你永恒的命定。亲爱的孩子，我曾告诉你，在你出生之前，你已选择了要过个永远视他人为先的生命。这是一个非常棒的决定。你想要效法三一神的精髓。因此，你正如此活着，还没意识和感受到你将来回到天国时将获得何等的爱。你已为全能天父的名承受极多的苦难。

天父每位独特的孩子都拥有相同的选择。事实是，大多数属天的儿女们都选择来到世上生活。他们要考验他们对天父的爱和旨意。通过这方式，所有儿女内心深处的一切都会公诸于世，包括他们自己在内。很多时候，即便是神儿女本身也不知道他们自由意志的核心是什么。

从某种意义上来说，这可称作是洁净过程，为着神儿女们、自然界和灵界的益处。神儿女们都晓得，假如他们内心深处有着致命的自由意志缺陷，那天国的生活对他们来说可能是一种折磨。因为活出圣洁的生命对他们而言迟早就像坐牢一样痛苦。他们宁愿现在先到世上去探索自己内心的挣扎。

对任何人而言，自由意志是份大有能力的礼物。神并不想要创造机械或机器人。三一神盼望孩子们都是通过自由意志来选择去爱祂。如果人们是因为被要求而去爱，那还有什么值得开心的？那种爱是假冒的，那根本不是爱。这与我们三一神的性格完全背道而驰。正如我在世上时所说的，我是道路、真理和生命。唯有真理使所有事物在爱中运行。若没有真理，一切都毫无价值。每个孩子的自由意志决定了他们的命定，引领他们前进的方向。

那么至于那一部分因不敢直视自己内心而不到世上来的神儿女们呢？我们深爱着所有的儿女，他们可以永远留在天国里。然而，他们将在局限在天国的某一区域。他们的生命将无比辉煌，充满着三一神的爱。天使将会围绕着他们，并且服待他们。他们也会被其余留在天国不到世上去的儿女们所爱。

你在神伟大创造中的生命目的

他们的同在确实永远喜乐和好的无比，但他们只能在天国中受限的地方生活。我们都很爱他们，他们会很快乐地做爱做的事。

我希望我回答了你这简单的问题，我亲爱的孩子。这答案听起来既复杂又简单。我希望你能够理解我所给予你的答复。

是的！祢确实回答了我的问题，并且在所发生的事上给予我们更多美妙的内容和资讯。我们从理解更多关于我们的存在和受造物如何彼此合作上得益。

你在神伟大创造中的生命目的

13

神紧密相连的伟大创造

身为神圣洁的儿女，我们的旅程始于神以特殊与独特的方式创造了我们每一个人。我们是天堂里的灵体。每个人都是与众不同的。一瞬间，神就在天堂里创造了我们所有人。

对许多人而言，这是很荒谬的，但事实并非如此。请记住，三一神存在于我们活在的时间线之外。如圣经所说，一日如千年，千年如一日。多重时间线确实存在，而我们的神照着自己的意思同时存在于所有的时间线中。

我们都是被全能的天父所创造出来的灵体，与祂一同生活在天国里。天父是如此地爱我们，以至于祂在天国与我们共度了漫长的时光。在这荣美辉煌的时光中，我们与天父玩耍，以及向祂提出好多的问题。在天国里，我们与天父一起经历了许多不可思议的事情，天父还教导我们许多关于我们的存在以及他创造的所有其他奇妙造物的真理知识。

由于我们的天父同时存在于所有时间中，所以祂已预先就知道祂最亲密的天使之一会悖逆祂。这件事也将丑陋的罪恶带入祂的受造物中。天使路西弗叛变了，他和三分之一跟随他叛变的天使一起被赶出了天国。因为所有天使以及按照祂的形象创造的儿女们都拥有自由意志的恩赐，所以我们的天父又创造了以下三种人。

如果我们选择爱天父，且不屈服于恶者的诱惑，那么这些都是专门为提供我们回归天父的途径而设计的。爱我们的天父已将一切回到祂那里去的机会给了我们。自然界的形成是为了向所有受造物和我们具体说明、证明和展示我们所做的决定。我们究竟是选择神，还是选择撒旦？

你在神伟大创造中的生命目的

神赐予祂儿女们回到祂天堂的机会

这一部分将讲述神为祂儿女所创造的世界是那么宏伟、环环相扣且完美无瑕。这些创造将让爱祂的儿女们从罪恶中得着救赎并回到天国去与神共度永恒。这三个被分别出来的受造物是为了相互紧密配合而设计的。每个受造物被创造都是为了其余两个受造物。它们每个都能完美地相互配合。倘若它们无法完美地配合，那么神赐予祂儿女们的救赎计划就无法成功。

这三个受造物是个大规模不可简化复杂性的例子。此三个受造物必须协同运作，否则什么也做不了，因为其中一个需要依靠另一个才能正常运作。

稍后我将会与瑞士手工表为例以和大家讨论有关"不可简化复杂性"的科学原理。手表中的各个部位需要相互运作，否则手表将无法操作。这三个受造物为着神儿女们协同运作，即是：

自然界是我们存在的一半所在。多数人认为自然界和肉体是我们唯一的存在。然而，他们错了。我们的肉体和大脑是我们的灵体，即我们真正的身份，在世上的居所。

灵界则是我们存在的另一半所在。请记住，我们所有人都是拥有肉身经历的灵体。我们从来都不是有时拥有属灵经历的肉体。从来都不是。

我们的肉身是为了在自然界运作而设计的。这宇宙和地球被创造是为了帮助人类得以生存。我们必须拥有肉身，好让神的子民能够生养众多、繁衍后代，并在世上活出我们属天的使命。

我们的肉身显明了自然界与灵界之间的相互作用。我将深入探讨我们的灵体与肉体是如此地紧密相连的原因和方式。接着，我也将探讨这三个受造物是如何精准地相互影响彼此。 这三个受造物之间的无缝配合显明了神令人惊叹的计划。它们为（通过自由意志选择）的我们提供了通往天父的道路，容许我们回到（曾住了漫长时光）的天国。

一切都不是偶然的

在神的创造中，所有看得见与看不见的事物都不是巧合或意外。你我所接触、思考的都是神所赐予我们的救赎恩典。这是史上最伟大的故事。以上所提及的三个受造物绝非凭空出现的。它们能够如此精准地运作也绝非偶然，而是经过精心策划和完美设计而成的。请记住，随机发生的几率极低，就像 1 分之 1 后加 143 个 0。这比整个宇宙中的原子还要少！

我们三一神设计了人体的每一个部分与细节。我们身体的所有组成部分以无数种方式联系在一起，共同发挥正常功能。我将在下一章详细讨论这个问题。

进化论者和无神论者

我先前所说的都是神所显明的真理。然而，在人类思想的自由意志下，如果这样的事情不符合一个人不明真相的个人人生观或意愿，就总会遭到抵制和欺骗。社会进步主义进化论者对神的创造播下了毒瘤般的思想种子，说一切都是拜"随机选择"所赐的大意外。他们试图抹杀我们三一神存在的真理。他们所说关于万物随机产生的一切说法，都是基于无神论和彻底否定全能的神的存在。没有比这更好的让自己下地狱的方法了。

有人研究过"随机选择"这一词吗？首先，这根本是个悖论。"随机选择"一词本身就自相矛盾了。一件事物怎么可能既是随机，但同时又是一个选择的过程呢？请深入地思考这一个问题。"选择"这一词的含义是一种支配性的力量在两者中做出选择。这也表示它需要智慧的标准来指导这个选择过程，以决定两者中哪个可接受与否。这也意味着它必须有某种形式的智力来确定选择标准，然后有能力执行由此产生的选择过程。

你在神伟大创造中的生命目的

进化论者竭尽所能闪避所推崇的达尔文思想中的缺陷。如果你仔细研究他们的思想，就会发现他们的言论经常自相矛盾且纠缠不清。他们对自然选择的依赖往往避免了批判性的审视。换句话而言，进化论者不希望人们提问或分析，它们更倾向于盲目相信。在某程度上，进化论也演变成了一个宗教。你对此有何看法？

他们是将"随机性"当作偶像敬拜吗？ 请小心这种扭曲的进化论。它可能导致你最终看起来像个傻瓜。一些生物学家之所以如此，这是因为他们收到了马克思社会主义哲学的影响，从而接受了与神创造的真理相悖的观点。

事实是，对这三个受造物唯一的解释就是，有一种全能的、无限智慧的力量为了特定的目的而精心创造了它们。此外，大量独立的证据也证明了这股无限智慧力量的存在，而我们称这股力量为全能的神。

你在神伟大创造中的生命目的

14

创造的框架和维度

亲爱的主，祢居住在哪个维度，究竟有多少个维度？

我们拥有自由意志，让我们可以选择自己想做的事情，而我们也希望我们的儿女们也能继承这一点。我们所处在的空间和维度是无限的，完全没有极限。所有事物都是那么的完美。[8]

时间

时间的起源是不存在的。我们生命中所感知的时间是不存在的。日常生活无法对时间的概念给予全面的理解。我们知道时间有一定的可塑性。科学知识领域缺乏关于时间本质的具体理论或假设，只有一个概念，即时间是按顺序排列事件的，从而为我们提供了我们通常所说的时间概念。有些人则称之为第四度空间，但她却是以单向方式运行的。

时间的箭头一向都是只朝一个方面前进。事实上，如果你乘坐宇宙飞船以光速旅行，当你回来时，相对于你留在地球上的双胞胎兄弟，你将保持原来的年龄。与此同时，你的兄弟却经历了时间的流逝而变老了。

速度确实会减缓时间的推进，但绝不会逆转时间。这证实了三一神的全能神的说法，即从阿尔法至俄梅戛，祂都存在。这意味着没有起点，也没有终点。神儿女们如果选择过圣洁的生活，他们的罪孽将得到宽恕，从而将永远与三一神在永恒的天国里共享永生。神告诉我，神儿女们根本无法想象天堂到底有多么美好。祂十分爱我们。

---

[8] 天父创造了我们并且通过疼爱我们来使祂蒙喜悦和满足，而孩子们也通过自由意志来爱祂作为回报。祂希望祂儿女们与祂一起"继承"天国的生命。

维度（空间）

多数人认为这世界只有三度空间。这是正确的。然而，我们也确实还有一个被称为时间的第四度空间。当我与神一起沉思时，祂向我显明更多我们无法感知或生在其中的维度。或许我们永远都无法接触神所提及的这些维度。不过，鉴于全能神的无限大能，坦白说，我推测我们并不是整个宇宙中唯一的生物。换句话说，我们慈爱的天父和三一神可以照着自己的意思存在于所有维度中，甚至有可能存在于不同的时空维度中。

我们人类所认为不可能的，对神而言都有可能。祂凡事都能做。在永恒的某一刻，唯有全能的神存在，即圣父、圣子与圣灵。我并不清楚我们所活在的这个维度是否在遥远的过去就已经存在，又或是三一神在创造灵界和自然界之前就已经创造了这些空间？这是由于灵界与自然界是神儿女们未来的人体所需。

请记住，三一神活在过去、现在和未来的各个时间点。这意味着他们对我们的未来会发生什么有着极其详尽的了解。记住，这是我们时间轴上的未来，而不是神的未来，因为神已经存在于未来。请问这很难理解吗？当然，是的！身为凡人的我们根本完全无法理解这一点。我们所能做的就是承认这些信息的存在和准确性。我们对神的信靠也与我刚才提到的内容息息相关。我根本不明白神所启示于我的一切。但作为祂的信使，祂希望我把这些思想传达于你们，即祂珍贵的儿女们。

三一神在创造祂儿女们之前，祂先创造了这三个空间。我们被创造的时候是灵体。我们刚被创造后，便与三一神一同度过了很长的时光，当时我们是没有肉身的。如之前所提到的，这是一段充满爱、喜悦、兴奋的美好时光，我们也在这段时光里了解所有的存在以及自己处在的位置。天父告诉我，我们与天父同在的时光对祂而言也是百般欢乐的。

三一神所处在的空间是无极限的。所有事物都如此完美。我们的灵界是如此庞大，远超过我们自然界中的宇宙。全能的神向我显明，天堂对爱祂的人而言是无限且完全自由的。

你在神伟大创造中的生命目的

15

全能的神
创造灵界

灵界什么时候被创造？

圣经中并没有很直接揭示灵界什么时候被创造。但在圣经中我们可以找到相关的提示。我们知道灵界在多数天使存在前就已被创造。在灵界与自然界被创造前，许多天使在天国中服侍全能的神与其余存在于天国的人们。此后，更多的天使于创造的"第一天"才被创造。

这事需要如此行，因为天使存在于灵界中，好让它们能够成为神与祂儿女之间的信使，同时也保守祂儿女们于恶者撒旦和其爪牙们。恶者撒旦曾是天堂中德高望重的天使，它的名字是路西弗。路西弗以及其余的天使是在全能的神创造了灵界后才被创造的。神已预先知道，祂高度器重的天使之一会因追寻唯有神所配得的尊荣与荣耀而选择对抗祂。神创造了灵界，而里面其中一个区域在之后也被称为地狱。这也表示恶者撒旦从天堂坠落的事件发生于灵界被创造后和创造的第一天（当然包括亚当夏娃）之间。

创造灵界

如今，灵界和自然界是同时被创造的，我们能够见识到神当时正准备神儿女们因恶者撒旦的背叛而所需的两个受造物。你、我以及所有在世上人类也拥有这两种重要的特质。我们皆是 100%的人类，也是 100%的灵体。身为灵体，我们在世上拥有人类肉体的体验。

请不要因此而对我们的主与救主耶稣基督感到混淆。祂是 100%的神，同时也是 100%的人。我们无论如何都不是神，但我们是在许久以前在天国被三一神所创造的灵体。其中一个假设是，灵界是不存在时间线的概念的，自然界则拥有时间线的概念，而两者间的时间流动方式是明显有差别的。

圣经告诉我们，"与主同在，一日如千年，千年如一日。"这是值得我们思考的，对吗？让我们通过这证据进行思考。在灵界的灵魂是不会衰老的。在世上的我们经历衰老的过程是因为熵的自然法则存在于整个宇宙中。熵的科学定义是一个封闭系统内随机性和混乱程度的量度。熵与时空是息息相关的。熵导致事物趋于更多的随机性和混乱，并随着时间的推移而退化。这就是它们彼此间的联系。

对曾在美国国家航空航天局（NASA）行星部门担任科学家的我而言，推断这种想法意味着，我们的天父可能暂停了灵界的熵定律。这是一种将有序变为无序的物理定律。地球上的一切都在衰退和自我分解中。熵的定律是让每个人随着年龄的增长而衰老的基本原则。

作为一名七旬老人，我经常听到同龄人抱怨衰老，说："我快完蛋了"之类的话。是的！但在灵界却并非如此。我告诉你们上述时间线的问题，是为了激发你们去思考，让你们从我们每天遇到的正常物理现象而假设这就是全部的框框中走出来。其实并非如此！在神的创造中，还有很多事物是祂儿女所预想不到的。因此，这个小讨论得出的结论是，灵界与自然界拥有截然不同的属性。

*我曾问过神，灵界究竟有多大？祂的回应为，**灵界是很庞大的，比自然界的宇宙更大。** 这起事件发生在 2022 年 6 月 9 日。天使们是神所创造，拥有自由意志的灵体。*请记住，天界，也称为天国，存在于永恒中，永无止尽。换句话说，天国总有天使执行三一神的需求和想要。在天国里的一切都是非物质性质的。

一切都是属灵化的。当神创造灵界，好让祂儿女们能够与祂沟通，祂也创造了众多天使来服侍、传达信息、以各种不同的方式帮助神儿女们理解他们存在于自然界的原因。

自然界被创造好让已被罪恶玷污的神儿女们能够拥有与天父在天堂一同生活的机会。祂是如此充满大爱，祂为了让我们有机会与祂一同在天堂共度永恒而不惜付上极大的代价。我建议你们在夜晚的时候可以到一些在城市中灯光污染较微的地方，抬头仰望星空。你所看见的只是神对你的大爱的冰山一角，神创造了你，让你以个人自由意志决定是否要爱祂。

爱神与活在祂的诫命下允许祂儿女们与祂在天国重聚。所有选择活出圣洁生命的神儿女将与祂一同永远活在荣美辉煌的天堂。你所要做的就是向祂说"是"并向恶者撒旦说"不"。最后，当我们提到"永远"的时候，是否指的是神决定关闭时间的维度？这是值得思考的问题。

神与祂儿女间的个人属灵交流

神与爱祂（以及三一神的其余两位）的人类儿女之间的神圣联系存在于灵界之中。我们的肉体借着大脑完美体现了这一点，因为大脑能够同时完全存在于这两个维度中。因此，身为人类，当我们同时存在于灵界与自然界时，我们就能够与全能的天父交流。这对于神儿女们而言，是个强大和美好的能力。那是神与祂儿女们特别的会面之处。如果神儿女不爱神的话，他们就无法与神沟通，因为该神儿女将切断了此连结。这些神儿女排斥与一切全能神充满爱的关系。他们认为以上一切都是愚蠢至极。但让我告诉你，我——理查·费格森，能够与我的创造主沟通，向祂提问问题以及在做决定前征求祂的意见。我们的天父在倾听我们生命中的每一个瞬间。

关于这一点，我暂时使用英文来表达我的想法。然而，你们可以想象得到，英语并不是神的母语。相反的，通过多次与三一神交流的经历，我发现，神藉着在我脑海中形成想法的方式回应我，然后我的大脑即刻将该想法翻译成我所能理解的语言，即英语。我没听见声音，也不是通过这方式与神交流。

相反的，藉着我属灵的那一部分，神以一种安静的语言在我脑海中跟我"说话"。这是我对于神儿女与神本身的内在交流的最好的解释方式。神还是能够通过其他各种不同的方式对祂儿女说话。如果你们每个人能够阅读到罗彼得的《倾听主声》和拉娜·沃瑟的《神预言性的声音》，那应该是个很美好的想法。我所要传达的信息是，是的，你可以毫无惧怕并充满喜乐地与神进行个人对话。

你在神伟大创造中的生命目的

而当全能的神想要告诉我某些事的时候，祂会直接介入我正在做的事并告诉我祂想要对我说的话。请记住，一切事物的发生皆按照神的旨意与时间。这种情况在我身上发生了好几次。正当我在完成这本书时，我听见我们的天父闯入我的意识，并告诉我祂想如何书写这本书。这些对话都是以灵与灵间的方式进行，即心灵感应。这还能是什么呢？以上一切皆基于祂对在许久以前所创造的儿女们的大爱

人类很早就意识到了灵界存在的这回事。灵界是由能量所形成的，并被称为比自然界"更高"的空间。这说法并不完全正确。灵界与自然界是相互重叠、交织的。我们可以时刻看见这方面的证据。这是神的天使们与路西弗的空间。其余的堕落天使，即邪灵们，都存在于这空间。当然，被委派守护我们免于邪灵侵害的天使们也在这空间。我们所有人都有一位守护天使。

灵界也是三一神的居所。然而，他们居住在一个很特别的地方，称为天堂。三一神大有能力，祂们无所不能、无所不在。更准确来说，三一神存在于万物的每一个颗粒中。没有任何事物存在于三一神以外。

这空间也容许我们的灵魂与神连接。我可以个人见证，这些都是真实的。我在这课题上写了一本记录我许多与灵界的经历的作品，书名为"神停留在我的肩膀上"。我拥有上百次的属灵经历，一直到今日。

我已经讲述了神与三一神在创世前的生命。三一神决定照着祂们的形象创造祂儿女们，并赐予他们个人自由意志。神也早就知道在未来会因为路西弗的反叛而产生问题。祂们也一早知道祂儿女们会从恩典中坠落，成为罪人。这是因为祂儿女们都拥有个人自由意志，并且会屈服于恶者撒旦的诱惑。这就是为何全能的神创造了三个不同的空间。神儿女们需要这些空间，为我们提供一条回到天国的道路。

全能的神创造了好几个空间，当中有自然界与灵界，好让祂儿女们拥有与祂永远在天堂生活的机会。既然神存在于所有空间，包括不

同的时空，祂知道在祂创造了天使们和祂儿女后会有事情发生，一切皆因恶者撒旦和自由意志的恩赐。

恶者撒旦在灵界影响神儿女们

恶者撒旦会使用灵界事物的能力来欺骗我们，以达到它邪恶的目的，这是我们所面对的真正的危机。许多人屈从于巫术、水晶球、巫术、占星术、星座运势和魔法等。这通常发生在落后文化和社会中智商低下的人身上。这些皆与充满爱的基督教真理背道而驰。此外，只要神儿女们容许，无论在有意识或无意识下，恶者撒旦能够影响人类的思想。这根本就是背叛。<u>再重复一次，这是因为我们的心思意念是直接与灵界相连接的。</u>

因为我基督徒属灵的工作，例如完成这本书和之前的六本的属灵著作，我是恶者撒旦和起爪牙们的首要攻击目标。恶者撒旦很讨厌我。我在书中有提到我与恶者撒旦的邪灵的经历。老实说，我每一天都需要与恶者撒旦的邪灵争战。它们不断骚扰我，分散我的注意力，并用粗俗的语言辱骂我，企图阻止我集中精力完成这本作品或其他著作。

好消息是，我拥有属灵的能力驱赶它们，即奉我们的主与救主耶稣基督的名，命令它们回到原本属于它们的地狱去我们每一个基督徒都拥有我所描述的能力。你也可以奉我们的主与救主耶稣基督的名命令恶者撒旦与去爪牙们立即离开你。我想象自己使用一支巨大的喷火枪瞄准它们，它们就离开了。但这些骚扰实在令人火大。

而在另一个层面，恶者撒旦会尝试使用更加精致的方式去影响人们。它可以根据人们的性格和渴望，使一些破坏性极强的事物看起来无比具吸引力。例如，酒精和毒品。通过此方式，它设下陷阱，引诱人们犯罪。有关这课题，我可以将它写成一本书，但我想你已经明白我所要说的了。

但请不要惧怕恶者撒旦和其爪牙们。它无法逼迫你做一些你不想做的事情。它以诱惑和享乐为手段，在它所提供的任何事物上都暗藏罪恶的毒钩。只要凡事祈求神的保守和看顾，你将会平安无事。

简短的历史

接下来是一件关键事件的简史，其中并不涵盖所有细节。我们在过后才讲述细节。神在恶者撒旦反叛前创造了好几个不同的空间。这是为什么呢？请记住，神存在于时间之外，祂知道未来将会发生的一切。神预先计划好，这是因为祂知道祂儿女们需要这些空间以得着救恩，好让他们能够回到天国与祂团聚。若不是因为恶者撒旦的反叛，这些空间就没有存在的必要。地狱也在灵界中被创造，那是个无法逃离的地方。然而，曾身为天使的恶者撒旦和其爪牙们可以进出自如。

路西弗曾是阶级最高且最有能力的天使之一，它反叛神，试图将神从祂原有的宝座上将祂推翻。路西弗内心充满自负，也造就了它致命的堕落。路西弗在叛乱中带领了三分一的天使们造反。一场无法避免的战斗和冲突在天界发生了，而这些事件皆在一瞬间发生。

路西弗立即败下阵来，并永远被驱逐出天界，成为了世界的王子。路西弗，如今被称为恶者撒旦。然而，它仍然能够通往天堂。它和其爪牙们则住在一个拥有许多名字的地方，例如：阴间、冥府、欣嫩谷、地狱以及炼狱等。它也能通往灵界，而同样的，神儿女们也能通往灵界。最终，因为自然界存在着一股被称为熵的力量，恶者撒旦和与它相同的一切将慢慢地被消耗殆尽并化为乌有，就如全能的神创造它们的时候。

谈及地狱，如果神儿女被送往地狱，那他们将无法逃离此地。他们已做出了选择。没有假释这一回事。神在创造了祂儿女们后，我们与天父同在天堂一段漫长的时间。我们在天堂享受无尽的喜乐、爱、和满足，我们也学习关于天父和万物。之后，我们才开始诞生在自然界的世界。

地球被创造于一个特别的宇宙中，是一个很特别的地方，从中祂儿女能够选择是否要与天父同在永恒天堂或与恶者撒旦一同在地狱中。在我们诞生在这世上之前，我们知道若我们选择恶者撒旦的话，这就意味着我们最终将面对绝种并化为乌有。然而，我们在诞生于世前，对于天堂的经历和知识都被移除了。这是因为神要祂儿女们通过个人自由意志选择祂和爱祂，并拒绝恶者撒旦。因为我们不知道在天国生活的样子，让我们得以展现真实的自己，而不会因为对天国的了解而出现偏袒的想法。

如今，恶者撒旦和其爪牙们花时间和心思，竭尽所能以多种不同的方式诱骗、鼓励和欺骗世上的神儿女们，越多越好，好让他们犯罪。这是因为他们拒绝神与祂圣洁与大爱的道路。拒绝神导致这些儿女下地狱。它们认为，给神儿女们带来痛苦和苦难会让它们好过点。这不是神话。无论从任何角度来看，这都是铁铮铮的真实。撒旦在灵界对神儿女进行反叛和攻击。而灵界就存在于我们大脑中的灵体之中。

这把我们带到了现今的时刻，我们所有人正与恶者撒旦和其爪牙们展开了一场宇宙级的属灵争战。在后面的章节，我将详细探讨属灵争战的本质，以及基督徒们如何在争战中成功获胜。

为何要同时创造灵界与自然界？

为了让神儿女们能够在自然界为着自身的救恩努力，我们需要积极寻求神的引导和支持；而就如前所述，也就是需要通过灵界实现此景。自然界给予神儿女们即时的反馈，好让他们知道自己在世上的行为究竟是好是坏。这就是我们从错误中学习，并从而按照天父的旨意改善自己的机会。这样，我们就有可能进入天国。

我们肉体内的灵魂是彼此相通的。这也是灵界与自然界紧密相连之处。两者在我们的脑海中相互影响。这种最重要的联系发生在我们的脑海中，并向自然界和灵界投射。正是这种属天的联系让我们在自然界的事物和所做的选择影响到我们的灵命。这是我们必须牢记的一个极其重要的事实。我们的肉体中存在着灵界与自然界间的属天连接。

我们的天父存在于万物间并贯穿万物

多数人（包括基督徒）认为"我人在这里，神在其他地方。"这种想法是完全错误的。 祂存在于祂的创造物中。这包括我们，祂属天的儿女们。天父创造了我们。因此，天父居住在我们每个人里头。祂就在我们里面。有些人称之为良知既然神是完全的灵，祂也存在于我们的心思意念间，而这也是我们与灵界和神连接之处。我们不可能向神隐瞒些什么，又或是向祂或三一神的其余两位隐藏任何秘密。

几乎所有人（包括基督徒们）没察觉神存在于祂的创造物中。圣保罗发现到无论他到哪去，神都在。他写信给初期教会时也提及这一点。我们可以在万物中找到神的踪影。因此，神也存在于我们的心思意念和灵里。这表示三一神对我们了如指掌。神深知我们的每一个意念、动机和情绪等。在灵界中是没有秘密可言的，完全没有！

真的为那些骗子和政客们感到可怜。他们以为他们能够向大家隐瞒他们的罪恶行径。绝不！他们无法向我们的天父和三一神隐瞒些什么。每时每刻他们的行径都被看得一清二楚。当他们的时间到来时，想象一下这将对这些不诚实的撒旦信徒造成多大的震惊。

全能的神就在你我里面，我们可以将在天主教难民学校所学的都给忘得一干二净了。我们以前被教导，当我们祷告时，这些祷告将升上天堂。如果我们要神聆听我们的祷告的话，我们必须成为乖巧的小孩。不对，这纯粹是胡说八道！神已经知道我们要祷告些什么。我们都是神优先秩序的清单中的第一位。

灵界与自然界相互合作

灵界与地球的组合是神与祂儿女们会面的地点。神与凡是爱祂（和三一神的其余两位）的儿女们的神圣联系存在于灵界和我们的属灵生命。我们在肉体和心灵中完美地体现了这一点，因为它们完全能够同时共存于两个空间。

因此，身为人类，我们能够处在自然界和灵界的同时与我们全能的天父交流。这对全能神的儿女们而言是一份美好贵重的恩赐。但很多时候，这些恩赐都被当作是理所当然，不被珍惜。至于那些已被恶者撒旦影响的儿女们，他们会避免和拒绝与神连。进步人士会称之为"右翼的大阴谋"。

灵界也是三一神的居所，更准确地说是天国。天堂是灵界中一处特别之地。我应该指出，天界存在于庞大的灵界之中。然而，天界的看守森严，而且与普遍的灵界相比，天界拥有非凡的特征。唯有全能神准许的具体目的下，方可进入天堂。这是我们与神连接的空间。我可以亲身见证这是绝对真实的。我曾写了一本关于这课题的书籍，记录了我人生中在灵界的种种经历。我曾被提到天堂并由我已逝的妻子——玛丽琳带我参观我未来的屋子。我将这经历记录在我之前写过的著作，书名为《神停留在我的肩上》。

你可以想象到，你和我的灵魂在灵界中可以直接与神沟通。这是符合圣经教导的。

愿赐平安的神亲自使你们全然成圣！又愿你们的灵与魂与身子得蒙保守，在我们主耶稣基督降临的时候完全无可指摘！[9]

我们与耶稣拥有的相似属性

耶稣是 100%的人类，同时也是 100%的神，而神是 100%灵体。你们永远不会看见我们的天父在小巷走动。从这一观点，我们可以看到，我们的本性和天父的设计是百分之百的人类，从中我们内在拥有100%的灵魂，能够直接联系灵界（三一神）。请记住，三一神也是灵体，祂们在我们连接的灵界运行、工作。

最美的是，我们的脑海中存在着属灵的连结，因此三一神 100%全天候与我们同在，即便我们没察觉有这回事。但我们的天父、我们的主与救主以及圣灵时时刻刻与我们同在。这岂不太美好了吗？

这是其中一种运行方式。如果你决定在肉体上的行为导致他人的痛苦，你属灵生命健康将会遭受负面的影响，而该举动将永远被记录在灵界中。同样的，你在世上所有的善行和所显的爱心也是如此。多数人永远不会知道你的所作所为、所说的话、所想的事、处事的态度、动机以及情绪都会通过你在自然界的联系，都被详细地记录在灵界中。

你所做的负面的事情将会增加你与主耶稣基督、全能神与圣灵之间的隔阂。此外，在灵界中，存在着每个人曾经做过的每件事或说过的话的记录。人们称之为《阿卡西记录》。

---

[9] 帖撒罗尼迦前书 5:23

《阿卡西记录》是神创造的所有宇宙事件、思想、语言、情感和意图的汇编。我曾在祷告中询问我们的天父，关于这些记录是否真的存在。天父的回答非常明确，一针见血。神直截了当地回答我说："是的"。

天哪，这一点是如此重要，因为你所想、所愿、所说和所做的一切都会被详细记录下来，直到永远。对于那些认为自己可以将事物隐瞒人而言，他们真的是大错特错。当他们在死后面对自己一生中所做的一切时，他们会受到巨大的打击。相反，每当一个人做了好事，他在这个世界上采取实际行动之前的想法和动机也会被永远记录下来。

我使用《阿卡西记录》的真实故事

你也许在思考这记录究竟如何在神的天国里彰显。让我告诉你我曾经灵魂出窍的故事。我已逝的妻子玛丽琳问我是否要看看我在天堂未来的屋子。这肯定吸引了我，我告诉她，我想要看一看。在我另一本名为《神停留在我肩上》的著作中，我有提到我已逝的妻子带我去看一看我在天堂的屋子。我在这里就不细说了。

与其，我要专注在我屋子中的一本历史书。这是一本很大本的书，放置在图书馆中。我图书馆里有数不尽的书本，而我可以想象到自己沉浸在这些图书的图片中。有这么一本书，里面有文字也有一些人类历史事件的大照片。而当我翻阅它时，看着不同的照片，我这才发现我可以进入照片中，成为照片的一部分，亲身体验当时候所发生的一切。

我好像真实地活在图画所描绘的动作和事件中。不知何故，这幅画把当时候发生的每一个小细节都被记录下来，并被永久保存，这样，像我在天国的人们就可以很详细地了解他们的生活或其他任何时间和地点发生的历史事件。

这只能通过某种我不了解的机制来实现，即记录并存储到一个巨大的档案库中。然后让人们有机会重新体验他们选择的任何事件。或者，他们可以体验任何他们想体验的过去的事件和地点。试想想，

你在神伟大创造中的生命目的

我亲爱的神儿女们,想想我刚才所说的话的含义。如果你愿意,你可以重温你的整个人生。

你所能做的事情多不胜数。我会在书中的其他章节做出更多的解释。概括而论,围绕我们生命的灵界与自然界是二元性的。我们的身体即是属世的,也是属灵的。这很奇妙,因为神儿女们可以通过肉体持续地生养众多,而我们也可以通过灵体与我们在天堂的天父持续保持联系。我会在这本书的另一个部分详细解说这一点。

你在神伟大创造中的生命目的
16

全能的神创造自然界

为什么神创造了自然界

这是一个讲述神对祂未来创造物（超越我们所知道的）的爱的辉煌故事。祂是如何为了祂儿女们的益处而体贴地为他们准备好一切。这是天父对祂儿女们荣美辉煌且伟大的爱。这确实是我们全能且充满大爱的天父的爱的故事。祂与三一神的其余两位成员盼望通过拥有凭着个人自由意志热爱祂们的神儿女们以扩展祂们的欢乐和满足感。

神儿女们热爱天父的决定必须是出自他们的个人自由意志。全能的神绝不会强迫任何人做一些他们没选择的事物。无论什么事，只要是出于逼迫，那就不是爱了。我们必须借着个人的自由意志来爱我们的天父。这事不可强加在任何一位神儿女身上。

如之前所说，神居住在完美的社群、爱并圣灵与爱子的空间，而此空间超越时间。请记住，全能的神拥有三个截然不同的层面，但却是一体的。我们的天父、圣灵，而祂的独生子决定通过创造神儿女们扩张祂们的存在。爱驱动神不断扩展，以致创造了神儿女们并赐予他们自由意志的恩赐。这是好让神能够爱他们，而神儿女们也可以有通过个人自由意志爱祂。这让祂在永恒的同在中增加了无比的满足和成就感。

最重要的是，每个神儿女知道并明白你和我是万物的焦点所在。神所创造的万物的每一个部分都是为了祂儿女们的益处。千万别忘记这一要点。

我们的天父爱我们，即祂儿女们，以致祂创造了两大空间。祂这么做只为了一个目的，即让祂所有拥有双重维度躯体的儿女们拥有机会回到天家与祂共度永恒。

神的确为了你我的益处,创造了你即将阅读的一切,好让我们可以选择与爱我们的天父共度永恒。但很遗憾的是,如今仍然有许多人不明白这一切并拒绝我们在天上的父。还有,请记得,通往天国的道路是狭窄的,而通往恶者撒旦之地的道路是宽敞的。

各种不同的神儿女

在我与人们的接触中,我发现仍有许多人相信我们的天父以及我们的主耶稣基督的教导,并且活在爱中。有些人则是跟随他们的良知,即我们天父所赐予的,好让其成为我们生命中的道德指南。这是我们对天父表达爱的其中一种方式。但是,我也遇过完全不在乎神存在的人们。

他们在生活中忙忙碌碌,从没将属神的教导与自己的生命挂钩。其他人不相信神存在,他们是我们当中的无神论者。他们在信徒们当中拥有很强的自我保护意识。最后,还有一群好战分子,他们有意识地主动地、故意地完全拒绝全能的神以及祂对他们的爱。这些人会以各种方式攻击基督徒们。

凡是主动拒绝神的人,他们最明显的标志会说出类似"我要按自己的方式办事"的口头禅。我已不止一次遇过这种抵抗的行为。我很可怜这些人,因为当他们的末日来临时,他们对神和基督徒们的每一个想法、态度和情绪都将在他们去世后被天使们看在眼里。他们将会为自己的态度和行为,无论好坏负责任。还有,神儿女所行的善和所说的一切造就人的话也将被揭示,而这将对他们重返天国有益处。

所有神儿女们,包括你和我,都是在灵界与自然界中,照着祂的形象所造。但,在神还没创造自然界前,祂需要为我们准备几件事。祂为我们创造了自然界的宇宙,如今我们活在其中。请记得,全能的神存在于宇宙诞生的时间线之上。因此,在事情未发生前,神已经知晓接下来会发生什么事。

祂早已料到路西弗的叛变,也知晓祂儿女们会坠入罪恶之中,因此祂决定从罪恶中拯救、救赎他们,好让他们能够与祂在天堂共享永恒。但接受神的邀请与否,这取决于神儿女们的个人自由意志。请记住，我们的天父在一瞬间创造了我们。祂创造我们每一个人都是独一无二。

祂所有的儿女都在天国过了漫长的时光。我们与爱我们的天父玩耍，这为我们带来了甜蜜、满足和欢乐的经历。在与天父同在的时光，祂教导我们许多关于三一神的存在以及我们如何融入其中的课题。我们都知道我们需要做个决定，即是通过个人自由意志选择神和爱祂，以便我们能够在天国与祂共享永恒，或是选择恶者撒旦，屈服于它的试探并活个充满罪恶的生命。

如果我们如此行，那么我们将到地狱去，最终消耗殆尽，化为乌有，回归虚无。以上所提到的不同类型的人及其变化是由人们生命中许多不同因素所造成的，但共同点是，他们都应有个人自由意志的选择。

神儿女们奇妙的会面之处

当你抬头仰望星空，看见亿万颗的星星，其实你所看见的只是神为我们所创造的一小部分。因为不仅是你所见的星体，天体物理学、天文学和其他科学都告诉我们，你看不到的数十亿个星系的相互作用创造了使我们的地球能够长时间保持稳定，以支持人类的生命的条件。

我们也知道，由于银河周期的存在，以上所提到的时间即将结束。这一切都在神的计划之中。我们拥有如休·罗斯博士般伟大的天文学家，他和其他的天文学家所作的奇妙的工作，让我们得以理解生命周期的时间。我建议你到 books@reason.org 网站上阅读他的作品。他其中一本名为《奇异星球》的著作，里头讲述了我们挚爱的地球，以及银河系对地球存在和维持人类生活的所有要求。我会在下个部分给予一些细节。

我们自然界的宇宙是一个极其复杂系统的典范。这系统由环环相扣的影响、联系和其他相互依存的过程组成，为给像地球的星球的存在提供了必要的条件。从生物和物理的角度来看，地球不仅能够存在，而且能够长时间存在，以维持人类的生命，并在地球上实现上神对祂儿女们的期望。宇宙中这些环环相扣的过程和依存关系建立了一个巨大的框架，将地球固定在适当的位置上，这样当神创造人类时，他们就可以生养众多，将他们的遗产传承至后代。

这之所以会如此是为了让神儿女么能够诞生于这世界，展开自我发掘之旅，并通过态度、情绪和举动决定他们将在天国与天父共度永恒，或到地狱去与恶者撒旦与其爪牙们共度永恒。这将是在他们被熵化为乌有之前。所有这些物理过程和相互依存关系都可以用一个科学术语来定义，即"不可约复杂性"。

不可约复杂性：

自然界的创造是一个绝对宏伟辉煌的设计，其中存在着环环相扣以及不可约复杂性，这是人类的大脑所不能完全理解的。再进一步探讨这课题之前，我需要定义所谓"不可约复杂性"这短语的含义。它的意思简明易懂，即形容某个复杂系统的特征，它们需要里头所有独立组成的部分各司其职，方能正常运作。

如果系统里头的其中一部分被移除，那整个系统就会停止运作。我们的自然界宇宙就是一个庞大的连锁关系，而当中每个体系都是不可还原的复杂系统。

基本上来说，要减少或简化其复杂性，即移除当中任何一个很组成部分并保持其原有功能，这是不可能的。也许瑞士手表是一个很好的例子。只要从手表中取出一个弹簧或齿轮，它将无法在操作。这科学观察可应用在宇宙中数以千计的相互作用，而这些相互作用必须在超精准的计算下方能实现。以上皆是事实。如果我们搅乱宇宙，这些连锁关系也将会分崩离析，从而导致地球无法根据神的要求维持人类的生命。

如今，在自然界的宇宙中，你可以随机移除几个太阳系，而不会造成太多的影响。但倘若你再动多一点手脚，你将破坏整个宇宙的精准平衡，导致地球无法维持稳定并给予人们足够的时间，让神儿女们在神与恶者撒旦之间做出选择。

神儿女们需要被给予足够的宇宙稳定性。不然人类就来不及发展及发现他们真实的身份，从而做出神要我们做的选择。这伟大的决定十分简单，我们是否选择天父和永生？或我们选择我行我素？后者也意味着我们是从虚无中被创造，凡是拒绝全能神的人将会返回虚无。

同样的，人体的创造也需要这些相同的不可约复杂性和无比精准的准确性，以支持我们肉体的存在和属灵的连结。我们人体中存在着数以千计的无可逆转复杂性的关系

我们人体的每一个部分都与其他部分有着不可约复杂的关联。由于我们人体内复杂系统的广泛存在，绝对不可能是随机发展的结果。相信进化论的人根本没有真正思考过这一点。如果有的话，他们的分析深度不过是在某个废弃汽车压坏的停车场上对一个已经生锈的1957年雪佛兰涂了一层廉价油漆那样肤浅。

对不起，达尔文先生，您在"小狗号"（HMS Beagle）对植物的研究的确颇有成就。您发表了很棒的原理，但就如您在您的著作《物种起源》（The Origin of Species）中所提到，倘若有证据足以证明生命并不是在漫长的时间里以微小的增量成长，那我的理论是错误的。我敬佩您，达尔文博士，因您能够在您的研究中如此客观和坦诚。但您所不知道的是，在多年以后，一些疯狂的自由派民主党将您优秀的工作转化成政治行动委员会，并扭曲了所有的事实。他们如此行是为了实施愚民政策愚弄人们，以维持他们对于人们生活的政治操控权。

然而，好消息是，我们在不同领域的科学家们已对这宇宙进行了上百年的研究，其中包括：天文学、天体物理学、化学等其他深层次科学领域。对我们而言，这是个宏伟辉煌的成就，因为我们已掌握足够的科学知识，能够通过探查宇宙以证实整个宇宙不可能从虚无中自行凭空出现，尽管一些杰出的科学家仍认为我们的宇宙是自行被创造的。

对不起，霍金博士，这宇宙从来都不是，也永远无法因巨大的随机量子波动而从虚无中自爆。天哪，霍金斯博士，我们俩都深知自然量子波动无法拥有如此巨大的能量从而爆发成整个宇宙。唯有在我们眼界之外的神才能够使这事情发生。以下是您在您的最后一篇论文中所提倡的：在接受《卫报》（Guardian）采访时，他说道："我视大脑为一台电脑，它会随着里头零件的损坏而停止运作"。此外，他也告诉《卫报》道："对损坏的电脑而言，它是没有天堂或来世的；这是给予害怕黑暗的人们的童话故事而已……，如果有神存在的话，我们将知道关于这位神的一切，但很可惜的是，事实并非如此。我是个无神论者"。遗憾的是，霍金博士，您是一位无神论者。这导致您辉煌的科学研究生涯中出现了偏见。此外，若您对您的论点加以审视，您将完全站不住脚。

自然界的创造

尽管在我们看作很难实现，但神儿女们的创造是一眨眼间的功夫。请记住，全能的神同时存在于多个空间和维度。圣经形容在天上的一日就如世上的千年。我们只能想象神所处在的其他空间的时间是如何流动的。但从我们宇宙的角度来看，我们自然界的宇宙始于138亿年前，一切都始于等离子体之外的一个极其炽热的点。它膨胀的速度极快，超越我们所俗称的光速天体物理学家称之为膨胀期。

现今，科学家们对我们的宇宙有着极其完整的理解，这可以追溯至宇宙只有10乘以-43秒大的时候。从这个角度来看，这个数字是这样的：

.0000000000000000000000000000000000000000001 秒

如今，我们的科学家已经完全掌握了神创造宇宙的过程，这真是令人叹为观止。我们知道宇宙开始诞生的那一瞬间是什么样的。如果比这之前的10乘以-43秒更接近，数学就会崩溃而随之变得无法确定。

这里有一项关于自然界被创造之初的数据统计。著名物理学家，马克斯·普朗克（Max Plank）计算出，一切物质来源的微小球体的

你在神伟大创造中的生命目的

温度为 1.416 乘以 10 的 32 次方。根据科学的说法，这是任何物质结构可能达到的最高温度。你应该记住这个数字，因为<u>它也意味着宇宙开始之时，也是时间的开始</u>。

在休·罗斯博士（Hugh Ross）所撰写的著作《创造者与宇宙》（The Creator and The Cosmos）中，罗斯博士写道："世上所有宗教的圣典中，<u>唯有圣经明确地指出时间是有限的</u>，时间有个开始，是神创造了时间，而神在这宇宙的时间维度存在前已掌握了因果过程的运作，是神在我们宇宙的时间组成部分存在之前造就了诸多的影响。"

一段时间过去后，我们自然界的宇宙持续增大并从极其炽热的温度冷却下来。随后，原子和分子开始成形。根据化学定律，分子和更为复杂的分子也随后成形。接着，更复杂的矿物也逐渐形成。过后，因着万有引力的定律，巨大物质体也逐渐形成。由于这些大型物质体拥有速度，它们随之开始相互旋转。有些物质愈加庞大至一个顶点，而开始被压缩。这过程导致物质内部温度急速上升，以至于触发了核聚变反应并开始释放巨量的热量，而我们如今称这些极度炽热且正旋转的物质为星体。

浩瀚的宇宙变成了数十亿颗恒星的家园，也就是我们现在所说的星系。恒星的寿命长达数十亿年。过了一段时间，更多的恒星球在引力的作用下开始围绕着自己旋转，形成了螺旋星系。我们称自己生活的星系为银河系。可见宇宙中还有数十亿个星系。

也许你会认为这个恒星和星系形成的过程是非常随机的，但是你错了。在这过程的之初，由于量子波动，你会发现它的排列更像是一种团块状，一团一团的恒星会相互吸引，处处留下大洞，又或者几乎没有恒星和随后的星系。随着时间渐长，某些非常奇怪的现象出现了，我们的科学家今时今日仍对此感到困惑不解，也就是所谓的暗能量和暗物质的出现。科学家们仍不明白这究竟是什么。

我们虽知道它的存在，但我们无法直接测量它。我们只能通过它对我们可见物质的影响进行间接观察。我之前也提过，而地狱是熵的肆虐，而实际上我们在自然界宇宙的边缘也能够看到此景。随着时间推移，我们看到的星星越来越少，因为它们逐渐消失在远方。如果这种情况持续下去，我们所能看到的可见宇宙将变得越来越小，小到最终只能看到地球，最后地球也将化为乌有。但对于那些相信全能天父的人而言，我们将在永恒中与天父一同共享无限的满足，而自然界宇宙中的实体将完全不会对我们产生影响。

我所谈到的一切让我们的夜空拥有了如此多美丽的星体和银河。在远离灯光污染和烟雾的空旷黑暗地带，你可以看到银河像一条密集的星带，从一个星带延伸到另一个星带。我在大西洋中央的一艘游轮上看到这一幕的。船长很热心地关闭了上层甲板的灯光，所以在这样完美的条件下，我和我身边的一群人都看到了神创造的壮丽景象。想想一些科学界人士认为这一切都是量子波动的随机事件。

那是纯粹的胡说八道。身为科学家并不表示你是完全正确的。万物的真理就在主耶稣基督、全能的天父和圣灵中。凡是相信的，必获得真理。

请记住以下的关键要点：

- 我已经探讨自然界（我们称之为"宇宙"）的创造。它确实拥有有限的起点，同时也有用时间的维度。大众认为，根据我们的时间点，整个宇宙始于137亿年前。
- 自然界让我们的肉体能够成为让我们的灵魂居住其中，并容许神儿女们能够直接与灵界接触。
- 这种互动发生在我们的心思意念/灵体中。我们的心思意念决定我们在自然界的举动，而我们的肉体反映了这些举动。我们在自然界中的所作所为将向全世界和灵界反映出我们内在的心思意念和灵魂。
- 我们在自然界的所作所为将直接影响我们的心思意念、灵魂以及周围的神儿女们。
- 我们举动所引发的结果基于我们价值观和思想品格上的反馈，最重要的是，这也给予我们的灵魂反馈。

你在神伟大创造中的生命目的

- 聪明人将使用自然界的反馈改变他们的心思意念和灵命。通过此方式，我们就有意识地愈来愈接近全能的神和祂的旨意。

- 若没了自然界，我们无法改变和胜过我们罪恶的属性。

- 唯有在自然界，我们额能够改变我们自己和我们的灵命。神能够通过我们属灵的心思意念与我们单独会面。在这空间，我们能够向全能的神认罪和祈求祂的宽恕并祈求祂引导我们在一生中的所作所为以及口中所说的一切话。倘若我们内心真诚地忏悔和向祂祈求指引，那我相信我们的天父肯定会原谅你和你的罪孽。以此，你就成为了新的创造。

- 全能的神精心设计了灵界与自然界，为了要我们的肉体与灵体相互连接。倘若没了这受造物，我们就无法选择在天国与祂共享永恒，超越我们在世上的所求所想。

- 我们在自然界的存在和我们的肉体是神精心所创造，为了让神儿女们在世上生养众多，直到万代。这是必要的，因为还有许多神儿女正在天上等候来到世间。他们正等待来到世上的机会，让他们活在世上并在选择（通过个人自由意志）全能的父神而不是恶者撒旦，最终在天堂与祂共度永恒。

- 在神的独生子，我们的主与救主耶稣基督降世前，在世上的神儿女们与天父并没有联系。耶稣基督恢复了这神圣的关系，好让我们一旦选择了天父，我们将升天回到我们来的地方，及天国。凡是拒绝主耶稣基督的人，他的存在将大大缩短，最终因着熵而化为乌有。这结局是必然的，因为若不这么做，罪恶就被容许进入天国，而这永远都不会发生。

如今，让我们详细研究神究竟如何创造我们称之为宇宙的自然界。这过程极其复杂，超乎我们的想象，这是因为宇宙中的一切都存在着不可约复杂性系统。我们宇宙中充满着许多紧密相连的参数，如果没有它们，宇宙无法支撑地球的存在及维持人类的生命，而以上正是神的旨意。

你在神伟大创造中的生命目的

17

圣灵与受造物

在圣经和与圣经有关的文献中，每当谈到创造的课题，我们都会将所有归功于神。这个说法是准确无误的，因全能的神的确是万物的创造主，无论是有形的还是无形的。话虽如此，身为基督徒 u，我们也必须记牢，我们的天父也是三一神，而三位中的每一位都拥有无限的大能。

大家还记得在这书中的前半部分，我详细地描述了三一神的每一位成员的属性，并提到祂们从相互探索彼此的无限大能获得无比的满足和喜悦吗？

但对从神而出的圣灵而言，祂也直接参与了的创造万物（神儿女们所知道的空间）的过程。这是我们所不可忘记的。

至于圣灵，祂在创造灵界、自然界与我们（神的儿女）中扮演了重要的角色。

你在神伟大创造中的生命目的

2022 年 8 月 9 日，早上 7 时 55 分
我们慈爱的全能天父

我们的圣灵确实与上述的创造过程有着密不可分的关系。祂在创造物中注入了平等与公正的元素，让我们的儿女们在世上通过经历学习这一点。一切的创造物都处于完美的平衡与和谐中。请记住，所有创造物，细微至每颗粒子，都是从绝对虚无中所创造的。

唯有圣灵从中运行，确保所有创造物都处于平衡之中。这也是展现公平概念的一种形式。每当自然或人为的事件发生时，这世界都会立即对任何侵犯平等的行为给予反应。然后，宇宙的力量就会按照天父的命令恢复平衡和公平。

圣灵创造了结构与组织的力量，而这力量凝聚和维系神所创造的万物。这股力量创造与维持平衡，是神儿女们从未没想过的。但这并没关系，因为天父已通过圣灵赐予你们这能力，好让你们能够踏上通往天国的道路，在天国与三一神团聚并共享永生。值得一提的是，你们与天父——全能的神，在天堂同在一起的时刻，是超乎你们所想象的。

亲爱的孩子，天父在圣灵的支持下，从虚无中创造了平衡、平等、公平和均衡的力量。

事实是，当神儿女们降生于自然界时，你们也怀有了公平与平等的意识。当年幼的孩童们互动时，若其中一个小孩因为擅自拿走玩具而导致不公平的话，孩童们就会马上有所反应。孩童们对于失衡与拥有权的概念是与生俱来的。当孩童的玩具被抢走后，他会马上把玩具给拿回来，以恢复先前的平衡。这股动力是一种非凡的力量，它延伸到所有可见和隐藏的创造物中。

当行星相互绕行并保持平衡时，这并不是偶然发生的，而是计划的一部分。有人说这是"大自然母亲正工作"，这是对世上万物，无论有形或无形的，都处于平衡状态的认可的简单说法。世上的万物都在以某种方式寻求平衡点，也是人类法则的核心。亲爱的孩子，我希望这能解释你对于圣灵是如何在创造万物（看得见的

和看不见的）的过程中发挥重要作用的问题。最后，圣灵还做了许多你无法明白的事情。我爱你。

亲爱的读者，我希望上述的内容能够帮助大家看见三一神中圣灵的大能与细节，好使神儿女们能够因此蒙福。请记住，一切的存在，其中包含受造物中的所有定律、力量和引力等，都是从无到有的。在虚无中，即使是最微小的平衡和稳定性皆不存在。

当我们谈及虚无时，我们人类的大脑很难理解这一点。虚无表示没有任何事物的存在。多数人会将虚无联想到漆黑一片。这是不正确的，因为漆黑本体就是某种事物的存在。因此，它无法被定义为虚无。真正的虚无是没有任何维度的。虚无中也不存在着丝毫的颗粒，因为颗粒的存在表示有事物的存在。我们世上科学的进步的确为神儿女们带来了许多知识，但科学永远无法探索真正的虚无。.

我希望这能够帮助你理解所谓"虚无"的概念。万物因天父的爱和行动，从虚无中被创造出来。我们周围的一切都是天父与三一神的另两位所创造的。若不是祂们，"虚无"也不存在。

你在神伟大创造中的生命目的

18

科学的先进
证实神是造物主

这些科学家的发现证实神是造物主

这个题目说明了一切。倘若全能的神真如新约圣经中所形容的一样，创造了万物（看的见或否），那么祂将会在受造物上无可避免地留下指纹。而现今的科学正积极地探索天父在自然界的受造物上的指纹（即我们的宇宙）究竟有多深。这犹如一罐装满了宇宙参数的大罐子，这些参数必须完全正确，稍微大或小了一点，都不好。尽管我们正谈论的是庞大的宇宙，但一切都必须仔细调整，而其精确度更甚于名贵的瑞士手表。正是我们的天父精心设计打造这些精准度。

这就是此章节所谈论的内容。它向你们展示的是一个缩影，而不是一篇完整的论文。这是一个具有大量准确参数的缩影，以便这宇宙能够维持我们神儿女们在世上的生命。这些具体的科学性指数正是人类在世上所应具备的。请暂停一会儿，并消化你刚才所阅读的，因为这是完全真实且令人难以置信的。

我们天文学、天文物理学、化学等各个深层次科学领域的科学家们对宇宙的研究已有数百年历史。这些科学领域包括火箭制作、火箭引擎设计所需的先进工程学、通信系统、冶金学、生产推进剂所需的化学、在火箭初发射阶段承受巨大振动的制导系统、量子力学、高速计算机系统，用于引导我们的卫星和运载火箭将载荷送入轨道。我们的望远镜采用先进的光学技术，精密而准确的棱镜用于分解行星物体发出的光子，使我们能够测量其中存在的化学物质。材料科学用于选择构建望远镜、火箭发动机、雷达系统所需的合适元素，等等。为了对神自然界创造有更深刻的理解，需要这些技术以及更多。我们已经取得了巨大的成就，获得了足够客观的科学知识，使我们能够检视宇宙，确认宇宙不可能从虚无中自行形成。它必须有一个无限强大和智慧的创造主才能以现有的方式存在。

在人类的近代史，大约 20 至 30 年前，科学开始理解深入和设计和打造这自然界的宇宙。 所有以上或更多的科学领域都是我们如今理解神的作为的必要条件，好让我们能够活在世上并作出重大的决定，即是否要向神说"是"并与祂和三一神在乐园共度永恒。

科学的探索也需一个蓬勃的社会来为这耗资庞大的计划提供资金并提升人们的科学教育。倘若我们没有一个有文化、向往天空、渴望以科学方式探索的社会，以上所有皆无法发生。全能的神将那份惊叹的渴望放置在他们心中，让他们向往探索未知，即是探索全能神的旨意。为了简化所谈论的事，让我们看看以下两大重点。

在这个章节，我会讨论到证实神创造我们所知所爱的宇宙的证据。这宇宙经过细致调整至难以置信的精准度，而这是必须的，要不然这宇宙要么不存在，要么无法维持人类的生命，让神儿女们能够做出天堂地狱的决定。

在下一个章节，我则会检验我们体内数以千计并相互交织的生物过程，以维持人类的生命。人类的生物学是由一系列难以理解的复杂生物功能组成的。我在上一章已经谈及关于不可约复杂性。
而这所谓的不可约复杂性也应用在我们的身体上。

科学的两大主轴

以下是科学的两大主轴：

1. 精致调整的自然界宇宙
2. 我们身体的精密微调生物科学

我们将会探索以上两大主轴。这毫无疑问地证明我们慈爱的天父设计了宇宙和我们的身体以相互合作。它们一起运作，让祂儿女们拥有被救赎的机会，脱离我们从我们的父母继承的罪和我们很久以前从伊甸园所继承的罪孽。

你在神伟大创造中的生命目的

请记住，人类拥有两大主要部分，我们的心思意念/灵魂和肉体。我们同时居住在自然界和灵界里。我们已经知道神将祂的独生子赐到我们，凡是相信祂的将不至灭亡，反得永生。（约翰福音 7：6）身为神儿女们，我们需要做的是接受天父赐予我们的爱并向祂敞开双手，祂必然接纳我们进入祂的天国。祂创造了在外我们夜晚所看见的一切，好让我们能够持续地被祂对于每位神儿女的爱所提醒。

这表示你、我和世上其余 99.9%的人们，对天父为了我们的救恩而藉着创造灵界与我们所居住在的自然界为我们开路，好让我们得以回归于祂的这项计划毫不知情。

因此，神创造了自然界，而我们的科学家通过完美、复杂且精准的科学仪器和知识，让我们深一步理解自然界的运作方式。关于这个话题已经有很多书写过了，我不会在这里详细介绍所有内容，但我会给你浅尝现代科学所告诉我们的。休·罗斯博士和其余几位作者写了几本书，以详细的细节解释近代科学已确实地证实了一位拥有无限大能和大爱的创造主创造了整个宇宙。

自然界宇宙的创造

即便很难相信，但我们是由天父眨眼之间所创造的。请记得全能的神同时存在于不同的时空。圣经形容在天堂里一日如在世上千年。我们只能想象所处在的维度的时间是如何运转的。

但从我们宇宙的角度来看，这宇宙估计在 138 亿年前诞生。它从一个比熔浆还炽热的原点，以光速迅速扩张。天文物理学家称这阶段为膨胀期。最近，詹姆斯·韦伯太空望远镜（James Webb Space Telescope）在太空中发现了一些异常现象，这些现象似乎与宇宙起源的"大爆炸"理论相矛盾。很好！我们正进一步理解神为我们所成就的。今时今日的科学家们对我们的宇宙拥有极其完整的认识，完成程度甚至可以追溯到宇宙只有 10^{-43} 秒大的时候。

有关自然界的万物诞生的最初时刻，这里有一份令人感到无比兴奋的统计数据。著名物理学家马克斯·普朗克（Max Plank）计算了促使万物产生的小球体的温度是 1.416×10 的 32 次方。根据科学，这是任何物理结构所能达到的最高温度。你应该将这数字给记下，因为这也代表时间始于这宇宙的诞生之时。休·罗斯博士在其著作《创造者与宇宙》中写道："世上所有宗教的圣典中，唯有圣经明确地指出时间是有限的，时间有个开始，是神创造了时间，而神在这宇宙的时间维度存在前已掌握了因果过程的运作，是神在我们宇宙的时间组成部分存在之前造就了诸多的影响。"

过了一段时间，我们的自然界宇宙的规模继续增大，并从炽热的温度降温，原子和分子逐渐形成。根据化学定律，分子和更复杂的分子连接形成。接着，更复杂的矿物也逐渐形成。过后，因着万有引力的定律，巨大物质体也逐渐形成。由于这些大型物质体拥有速度，它们随之开始相互旋转。有些物质内部温度急速上升，以至于触发了核聚变反应并开始释放巨量的热量，而我们如今称这些极度炽热且正旋转的物质为星体。宇宙中的大片区域成为了数以百万计的恒星的家园，我们现在称之为星系。恒星的寿命长达数十亿年。

你也许会认为星体和星系的形成纯属随机，那你就错了。在此过程初期，因为量子波动的关系，你会发现它的排列更像是一种团块状，一团一团的恒星会相互吸引，处处留下大洞，又或者几乎没有恒星和随后的星系可言。随着时间渐长，出现了某些极为奇特的现象，我们的科学家今时今日仍对此感到困惑不解，也就是所谓的暗能量和暗物质的出现。科学家们仍不明白这究竟是什么。

我们虽知道它的存在，但我们无法直接测量它。我们只能通过我们从该物质上所看到的影响来间接测量它。

维持地球上的生命所需具备的科学参数

再一次参考休·罗斯博士的著作**《创造者与宇宙》**，他说道，行星和星系的参数值必须符合任何生命存在的条件。然后，他描述了32个不同的参数，这些参数对于在我们宇宙中的行星上出现任何生命都是紧密相连的。

罗斯博士通过高级统计学和宇宙中的星系与恒星的数量进行了详细的研究，并得到以下结论：我们很可以很确定地做出结论，所有恒星中具备自然条件支持高级生命存在的行星数量远远少于万亿分之一的比例，而这考虑到可观测的宇宙包含不到一万亿个星系，每个星系平均拥有一千亿颗恒星。

但从自然过程而言，我们可以看见没有一个星球具备维持生命的必要条件。换句话说，亲爱的读者们，无论是我们宇宙中的哪个银河系，都不可能有生命的存在，这一切都需要一位神圣的创造主，通过其大能来设计和创造一个能够维持生命的地方，如我们如今所知道的地球。

当我们更进一步地研究这份数据，我们可以做出判断，实际情况与这根本是相差甚远。最后，关于我们的宇宙，我们需要提到近期所发现的暗能量和暗物质。暗能量是一股推力，它推动着宇宙不断膨胀，以至于离我们最远的星系正以超越光速的速度后退，而这违反了我们已知的物理学原理。我们所不知的暗物质，则是负责将我们的星系联系在一起，好让星系的外围区域旋转的速度远远超出了正常物理规律所能解释的范围。

我们无法对所观察的现象给予解释。在其中一个银河里，我们穿越宇宙中，一切都飞离着。换句话说，整个宇宙确实在无尽止分裂着。

在书中的前部分，我有提及熵，而地狱是熵的肆虐，也即是我们在自然界宇宙外围所看到的景象。就在我们谈论这件事之时，我们所看见的星星越来越少，在远方渐渐消失。如果这情况持续下去的话，我们所看见的宇宙将会变得越来越小，一直到我们只见到地球，然后我们的地球将消耗殆尽、化为乌有。

但凡是相信全能天父的人，我们将会与天父一同在跨越时间的永恒和无限的满足中，而自然界的宇宙将不会对我们产生任何影响。

我们蒙福的地球，神儿女们的居所

在我们讨论关于宇宙中一个地方被创造以能够维持人类生命之后，如今我们需要讨论生物学的问题，即是拥有两大部分的人类身体。第一部分是肉体，这部分必须在自然界里如同以上描述般成功运作。第二部分则是灵体，这部分与灵界连接，好让我们能够与我们亲爱

你在神伟大创造中的生命目的

的天父连结。这就是我们精致且复杂的大脑。如果你认为我们的身体不可能从沼泽地的原始泥浆中进化而成，那你是完全正确的！

宇宙中的生命是以随机机遇维持生命，这是完全说不通的。达尔文是他时代中的一位优秀的科学家，但他的观点范围却很有限。老实说，他的想法已遭他人利用。他们为了自己的政治议程，将达尔文的想法断章取义，严重扭曲（千倍以上）其真正用意，并用于摧毁全能神存在的的概念。

只有那些选择特意忽视的共产主义/社会主义左派想要推广这已被严重扭曲的达尔文进化论。即便达尔文也曾说过，若能够证明生命不是在大量的时间中以微小的增量发展的，那么他的理论就是错误的。事实也证明了这一要点。

即便如此，我还是要向你们展示全能神所我们创造的精致且复杂的身体。祂做的这一切都是为了我们，即祂儿女们，好让我们可以选择在天堂与祂一起在天堂共度永恒，而这在本书的前文中已有描述。

通过所有不同领域中最顶尖的科学家们严谨分析，你们会发现若不是有位慈爱的造物主的精心设计，生命绝不可能以以现今人体的形式存在。

因此，总结来说，神创造了我们所居住的自然界，好让我们能够达成我们对罪的救赎，并赐予我们机会回到天国与全能慈爱的天父共享永恒。

请牢记这些关键要点：

1. 自然界容许其中的一切直接与灵界交流。这份交流在我们的脑海中发生并通过我们的肉体反映出来。
2. 我们在自然界所做的一切将产生一定的结果。这些结果给予我们的大脑，更重要的是，我们灵魂相关价值观和属性的反馈。

3. 聪慧的人们会使用自然界的反馈改变他们的心思意念和灵命。通过此方式，我们能够更加贴近全能的神和祂赐予我们的旨意。

4. 若自然界不存在，我们无法改变和胜过我们罪恶的本质。这是极其重要的一点。自然界的构造反映了我们慈爱全能天父的法则。祂所有儿女们，包括你们在内，都怀有与生俱来的基本平衡感和公平感。

   这是我们慈爱天父创造万物的基要。我们与其他神儿女们在世上活着，让我们有机会为我们的灵魂收集反馈，好让我们能够选择去改变我们的行为和信念，而与神的旨意和律法更为一致。

此外，神唯有通过自然界与我们拥有个人的相遇并宽恕我们的罪孽，好让我们最终能够与在一同在第二次的创造里共度永恒。

在这圣经文献的重要部分中，我将仔细探讨科学与基督神学间都一致赞同的事物。是的，我说得没错。多数人在没认真思索下就接受一种错误的说法，即神与科学是完全不同的层面，两者无法混为一谈。<u>这说法是错误的。</u>如果我们身为神儿女接受神创造万物，无论看得见或否，就如基督圣经神学所说的，那我们务必接受唯独神创造整个宇宙一说。

就如书中其他章节中所讲述的，神所创造的万物给予祂儿女们回归天国的途径。亲爱的读者们，请记住，你我皆是全能神所创造的儿女。我们的诞生是"转眼间"发生的事。这说法也在书中某处提及。是的，你我在千万年前皆与天父同在。这也是天父之所以对我们个人了如指掌的部分原因。

关于科学，事实是我们的天父创造了无论看得见与否的万物。这是非常符合圣经的教导的。这就很直接表示神也创造所有的科学。请问何谓科学？科学是对神受造物的研究。除了受造物本身，科学无法研究其他的事物。我们是万物的其一。这显明了我们的天父也创造了所有存在的物理法则。祂创造了物理定律、我们用于宇宙航行的牛顿物理学、天文学、物理天文学、量子力学、在欧洲核子研究中心（CERN，介于法国和瑞士之间）等粒子加速器中研究的粒子物理学、一切生物学以及其他科学领域中所学习的知识，皆是在研究全能神的作为。

因此，请记住，科学百分之百是在研究与探索着我们天父所创造的科学定律。它们并不是像一些胡说八道的博士们所宣讲的，即所谓的凭空出现的。若科学与基督神学间存在分歧的话，那也只不过是出于人类的不完美、无知和精神错乱的思维，因为人们对万物的本质缺乏理解。

我们荣美辉煌的自然界宇宙

我很钦佩那些持续不断探索并走在知识的前端以让我们更深认识和理解神自然界的创造的科学家们。神把我们设计成具好奇心并想学习新事物。然而，可悲的是，这并不包括接下来的两个世代，因为他们多数人并没有显示出智慧的迹象。很抱歉，也许这是具政治意味的评论，但观察证明了这是事实。人类在探索寻求更加理解和明白，神为了祂的救恩计划创造我们中写下了精彩的历史。

我们可以从印度开始我们的寻找真相之旅。介于公元前 15 世纪和公元前 12 世纪，印度的《梨俱吠陀》认为这宇宙是个"宇宙蛋"。它形容宇宙正经历循环和振荡，而蛋在循环中膨胀和坍塌。

公元前 5 世纪，古希腊哲学家阿那克萨哥拉（Anaxagoras）说宇宙是个原始混合物，在"神（nous）"或意念的推动下开始旋转，形成了我们今天看到的各种物体。他因此被处死。

在稍后的公元前 5 世纪，留基伯（Leucippus）和德谟克利特（Democritus）说这宇宙由称为原子的极小不可分割和不可毁灭的基本组成部分构成。宇宙中的一切都是由这些原子的不同组合构建而成的。

亚里斯多特（Aristotle）则说宇宙的大小是固定的，并以地球为中心。他也认为元素有火、气、土和水。

以上这些只是早期智者尝试理解和明白神创造的想法。这些人不可能晓得，是神创造万物，超越宇宙，而祂如此行是为了我们永恒的救恩。神十分爱我们，即祂儿女们，以至于祂以意念创造自然界和灵界，而祂把灵界的其中一部分分隔开来，也就是地狱。

现代科学知识将创造与科学紧密联系在一起
人类一向都渴望明白和理解周围的一切。这是全能神在创造我们的时候所放置在我们里头的好奇心的根本。神要我们更亲近祂，好让我们能够明白神荣耀辉煌的大能和祂对我们的爱。神要我们通过知识理解祂并从而引领我们去爱祂。

这种认识神的渴望是永不满足的，因为当我们学得越多，我们就会对新知识产生更多的疑问。这是个讨神喜悦的良性和圣洁的循环。通过许多科学家多年来不懈的努力，人类已学到了大量关于神创造自然界和我们属灵的特质。从现在开始，我将会专注在自然界的事物。

纵观许多世纪，特别是近代历史，人们认为科学与神是完全分开的。神居住在云朵上的某处，我们的自然界与基督神学或其它宗教毫无关系。这观念一度盛行直到三、四十年前，随着我们在科学领域取得巨大的成就而开始改变。问题是，从政治角度来看，自由派的政客们可以很轻易地延续使用这过时且完全错误的存在哲学。

正是这些自由派的憎神者在鼓吹着这垃圾观念。我会善意地说他们是故意无知的。他们不敢更新他们的科学知识，因为这么做将导致他们的基本价值观被摧毁。今天，通过所有科学领域的卓越大跃进，我们对宇宙和自身的认识已来到了临界点。过去的 30 年间，我们的科学仪器已能够探测到宇宙的细节，如今我们能够以非常客观的方式证实圣经经文中的内容。

圣经中对神创造自然界的宇宙记载已一次又一次地被科学研究证实。这一科学发现是由地球上最聪明的人所推导得出的。这实在是个多么伟大的发现啊！因为它使我们无论在科学上或是哲学上都达成一致，即证实了全能神与祂所创造的万物（包括身为神儿女的我们）的存在。在这一点上，我们看见越来越多自然界和灵界的相同之处和联系。市面上有好多关于这课题的书籍，我将会在书中其他部分列出这些书本。

尽管这本书并不打算探讨神儿女们的细节，研究显示我们这些神儿女是完美被创造的出来的。我们之所以会有健康上的问题，全因路西弗的反叛和亚当夏娃的堕落。如今，我们是被罪孽所玷污的。

科学调查与发现的基础：

1. 现今人类的想法为，本体论的假设推动着科学研究。换句话说，我们认为存在的基本基础是什么？有鉴于此，有些科学的假设支持现代的科学研究。
2. 自然界遵循着一种有独于人类思维的推理方式。
3. 这世界是由物理物质所组成，这些物质在自然界中具有不同的本质或属性，无论人们是否在观察。
4. 自然界是纯思想的彰显。这只能指向全能神，因祂以意念创造一切，无论看得见与否，而这包括了我们的创造。神是照着自己的形象创造我们的。
5. 一个独立与人类的思想、客观和一致的自然界与灵界。
6. 我们的世界由客观现实和从而产生的潜能组成。
7. 热力学第一定律证明了神的存在。[10]
8. 还有更多的基本假设，但我相信你已明白了。以上是所有科学研究的基础。

客观科学数据

有鉴于此，许多不同领域的科学家进行了无数的科学调查并取得结论，而它们都指向一位无限的创造主，祂创造了万物，无论看得见与否。没有任何事情是纯属偶然或巧合的，绝对没有！

以下的内容取自休·罗斯博士与他同事们所写的书。我强力推荐你们购买他这本书名为《造物主与宇宙》（*The Creator and the Cosmos*）的书本。许多不同领域的科学家也在书中给予贡献。

---

[10] https://www.secretsunlocked.org/science/science-proves-the-existence-of-Godcrets Unlocked -

宇宙经过精准调整的证据

这位宇宙并不是随意拼凑而成的。它是由不同的部分精细地设计而成的,这些部分巧妙地精准调整至我们难以想象的课差范围。假设这宇宙就如一枚精致的旗舰瑞士手表。在瑞士手表中有许多不同的部件,而这些部件都必须很精密地结合在一起。这些零件都相互联动,而其课差范围比最精致的瑞士手表还高出几百倍。所有的精密度和公差都是为了显示出准确的时间。宇宙中数以亿计的不同部分都被精心调整,目的是为了给神儿女们提供一个居住的地方,让我们有机会踏入天堂的门。

一些精密调整的创造物例子

许多不同的科学家分别进行了 35 项调查。这些科学调查都从不同的角度或现象探讨我们的宇宙。以下有一些例子,让你了解无数人的对宇宙伟大研究,这些工作对我们的宇宙以维持生命的方式存在是至关重要的。

1. 宇宙膨胀的速度。如果膨胀得太快,银河系就无法存在。如果膨胀得太慢,宇宙将会塌缩。
2. 核力的强度。无论是弱 2%或强 3%,宇宙中将不可能存有生命。
3. 引力的强度。如果引力较强,星体将太快烧尽而无法存有生命。如果引力较弱,星体的热度永远无法达标,从而无法点燃核聚变,即助产生我们身体所需的所有重元素。
4. 电磁力常数。如果弱 4%或大 4%,生命就不可能存在。
5. 如果中子的质量增加 0.1%,它们也不足以形成物质生命所需的重元素。
6. 宇宙中质子和中子的总数必须精确相等,准确性达到 10 的 37 次方。如果不是这样,电磁力将等于重力,就不会有星星或星系,因此宇宙中就没有生命。
7. 宇宙的物质密度必须精确调节到 10 的 60 次方以内,空间能量密度必须达到 10 的 120 次方以内。这些对于生命存在的精密要求超出了人类的理解能力。

8. 暗能量和暗物质之间的平衡必须在 10 的 60 次方以内。否则，宇宙要么膨胀得太快，星系无法形成，要么膨胀得太慢，一切都会坍缩。

9. 还有 28 个科学关系必须达到非常精确的容差，才能在地球上存在生命。上面只是其中八个。结论是，这些严格的维度不可能凭空发生，必定存在着一个无限智慧的创造主，祂设计了我们的宇宙。这与所有圣经文献完全一致。神是完美的，而祂的创造也是如此。

生命存在的必要星系关系

以上只是宇宙存在所需要的条件。若地球上要有生命的存在，还有许多变量还必须在极小的范围内才能做到。我不会再占用更多的篇幅来讲述宇宙的存在和地球要能够维持人类生命所必须发生的无数关系。休·罗斯在其著作《创造主与宇宙》（The Creator And The Cosmos）中详细列举了以上这些关系。

在我们的银河系和太阳系中，有 66 个精准调整的环境要求，它们之间的关系必须精确和准确。如果做不到这一点，那么即使宇宙可能存在，地球上也不会有生命的存在。

决定地球能否实现支持生命存在的因素

事实是，地球实现支持生命存在的概率是 100%。原因为三一神将一切设计至极致的容差，所以没有任何失败的可能性。只有在涉及到偶然性的情况下，才会出现概率的问题，而这里完全不存在任何失败的可能性。

有 128 种不同的参数，每一个参数都必须落在一个极小的范围内，每个参数都有一个由我们的科学界确定的概率因素，即参数会落在那个范围内。这一切偶然发生的净概率为零。这一点毋庸置疑。

更准确来说，这是 10 的 166 次方中的一个概率。宇宙中所存在的原子数量并不多，所以没有创造主存在的概念是不可能的。再说一遍，从科学的角度来看，造物主不存在的可能性为零。我们的宇宙是经过设计的，以适应我们地球支持生命所需的要求。

你在神伟大创造中的生命目的

总结来说，我们宇宙的存在，银河系的存在，以及我们称之为地球的星球能够长期维持人类生命只有一种解释，即全能的神，我们慈爱的天父创造了万物。此外，我们人类的身体随机组合而成的这种可能性，和宇宙的存在与支持按照神的形象创造的人类生命一样微乎其微。

如果你认为宇宙和银河系已很不可思议，人体的复杂程度更甚于此。人体随机组合而成的概率是从 10 至无限。进化论者们应为此感到羞愧，同样的，所谓民主党，或称自由派的政治怪物们也该如此。

他们把荒诞不经、名誉扫地的进化论作为否认全能神的唯一途径。天啊，他们死后见到耶稣基督时会说些什么呢？我想亲临现场一睹当时的情况，嘿嘿嘿。

整个宇宙、银河系、地球以及人体不可能不是由我们慈爱的全能天父所创造的。提出这种愚蠢至极的想法是完全疯狂和荒谬的。

19

神创造人体

进入我们宝贵的人体

为了让大家更清楚这章节内容的来龙去脉，我们已经探讨了天父为我们神儿女们所成就的三大创造的其中两个。这是灵界和自然界，即是我们的宇宙。最后，我们将会探讨我们的人体。人体本身就是个奇迹。我们慈爱的天父不遗余力地赐予我们回到祂天国的必要途径。

我们所需要做的就是对神说"我愿意"，并在短暂的属世生命中按照耶稣的教导活出生命。我们在世上的行为决定了我们属神或属恶者撒旦的抉择。关于这一点，我们已讨论过了。现在，让我们去到我们自然界的生物人体。

如果你认为我们的人体不可能随机地从某处的原始泥浆中进化而成，你是正确的！在宇宙中随机实现支持生命的环境这说法是荒谬的。我们的身体是由沼泽中的一片真菌发育而成的说法也是荒谬至极的。达尔文在他生活的时代中是一名优秀的科学家/生物学家，但他研究的范围非常有限。当你对事实了解更多，你就会越发嘲笑那些推崇人类和宇宙进化论的博士们。请记住，进化论的论述中漏洞百出。若真的要称之为宗教，也该定性为二流宗教。

现代马克思主义的社会主义政治在我们的国家出现。坦白说，达尔文的想法被有心人士所利用，他们想把其理论推崇至极端，然后再将其有限的理论扩展至政治的超空间，以此攻击基督神学。我索性称之为"巴斯光年"（Buzz Light Year）假设，"至无限宇宙之外！（to infinity and beyond）"具政治性的进化论的主要目的是要误导大众，因而导致人们不相信创造一切的独一真神。只有特意扮无知的人们和共产主义/社会主义左派想要推崇这极度扭曲的达尔文进化论。

即便达尔文本人也会完全不同意其生物学理论得歪理邪说。达尔文认为，如果能够证明生命不是在大量时间内以小的增量进化的，那么他的理论就是错误的。而事实证明，生命并非如此进化而来。考古学家表明，生命是以井喷式的形式出现的，其中并没有所谓的间歇式生命形式。它从原有的生命形式突然跃升到下一个非常先进的生命形式。尽管如此，我会向你展示全能的神为我们所创造的错综复杂、不可简化的人体结构。为什么？好让祂儿女们能够选择与祂一同在天堂共度永恒，就如我在此书中的前部分以及圣经中所形容的一样。

通过不同科学领域最顶尖的人们的严谨分析，如果没有一位慈爱的造物主和设计者的存在，生命是不可能以人体目前的样式存在的。

所以，总的来说，神创造了我们所处在的自然界以救赎我们，并赐予我们上天堂的机会，在那里，我们能够与全能慈爱的天父共享永恒。亲爱的，试想像，我们在天堂是不会衰老的。

我们人体的平行物理复杂性

从器官层面来看，生物学家们发现维持生命所需的大量连锁复杂性。我们被创造出来的人体也需要同样不可约的复杂性和令人震惊的精确性，才能发挥其功能，维持我们的物质存在和属灵连结。我们人体中拥有成千上万倍数的不可约的复杂关系。我们人体的每一部分都与彼此有着不可约的复杂关系。我们的人体绝不可能是在进化过程中随机发生的。

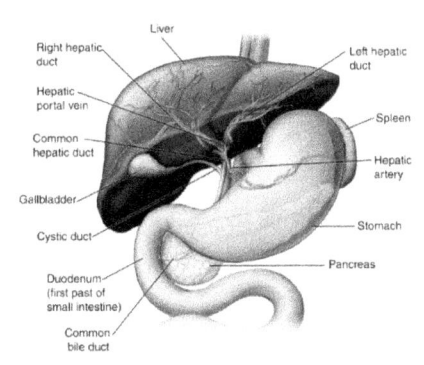

例如：我们的肝脏承担着 500 多个相互关联的化学过程，帮助我们维持的生命。任何人都不能没有肝脏。它对我们的存在如此重要，以至于它是唯一能够在受损后自我再生的器官。请看看以上的图片。进化论者们认为你所看见的都是随机发生的，就如掷骰子一样。现在将上述情况扩展到你所有其他的身体器官。

请问有谁真的认为这是长期随机选择所导致的结果？如果随机选择是地球世代生命的驱动力，那么拉斯维加斯肯定是青春和一切（无论看得见与否）的泉源。简直是荒谬，对吗？我们肯定是由世上的赌场所创造的。然而，有个口号仍然流传着，即"发生在拉斯维加斯的事，就留在拉斯维加斯"。

既然如此，那究竟是什么力量引导着骰子的滚动，从而导致肝脏的形成？我们肝脏中的 500 种不同化学过程要掷多少万亿次的骰子才能达到维持人类生命的地步？请记住，这一切只是针对一个器官而言，人体还有许多其他器官。

https://www.hopkinsmedicine.org/health/conditions-and-diseases/liver-anatomy-and-functions[11]

请看看我们的眼球。我们的眼球是精巧设计的典范，它是一架有机摄像头，向我们大脑的某个部分提供类似图像的信息，这样我们就能够看清事物了。否则，我们都会像蝙蝠一样瞎掉。眼球是精密设计和工程学的典范，它能在各种光线条件下提供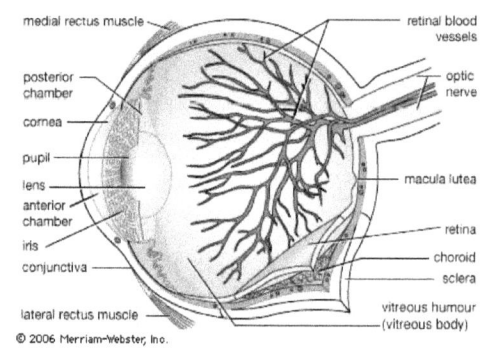视觉，从夜晚到观星，再到海滩上非常明亮的光线。在阅读时可以看到近处的东西，在欣赏山景时可以看到远处的东西。而这一切，都是我们的眼睛在不经意间自动完成的。

请问你是否真的相信我们的眼球是长期随机选择所导致的结果？对我而言，这是极度的无知和愚蠢。此外，我们的眼球是如何随机与我们的大脑连接的呢？

---

[11] Body Chemical Processes: https://www.hopkinsmedicine.org/health/conditions-and-diseases/liveranatomy-and-functions

你在神伟大创造中的生命目的

进化论在马克思主义左派政治中如此受欢迎，是因为许多人是极度愚蠢和无知的！他们只是接受在当权者所说的一切话。请记住，人们被选中担任某个政治岗位，这并不代表那人的智商也会随之提高。倘若他们一开始即是愚蠢和偏袒的，那他们在职是也会是如此。这是个糟糕的错误！我们的下一个世代在学校中并没学习如何独立思考，这是为什么呢？因为对于一个掠夺性的社会主义政府而言，控制一班愚蠢的人比控制一个有智慧和思考能力的社会更加容易得多。因为有智慧和思考能力的社会懂得运用常识和拒绝愚蠢的政策。

愚蠢的社会让乔·拜登摧毁我们的能源工业，他导致我们的国家得再次依靠外来的石油。在他掌权之前，特朗普让我们的国家在能源需求上取得完全的独立，我们不需要外来的石油。美国为了我国国民的经济利益，而成为了牟利的石油出口国。拜登总统存心通过他所做的破坏我们国家的安全。一个有智慧的社会绝不会让这件事发生。在政府高层中，有一股邪恶势力正在肆虐，他们的目的是摧毁美利坚合众国及其体现上帝旨意的自由。请记住，上帝给了我们自由意志，这意味着选择的自由。民主党继续试图破坏这一点，并从它的鼻子里破坏我们的天父。在政府高层中，有一股邪恶势力正在肆虐，其目的是要摧毁美国及其体现神旨意的自由。请记住，神赐予我们自由意志，这意味着选择的自由。民主党试图继续破坏这一点，并并对我们的天父视而不见。

接受进化论的事实显示出我们的国家的无知，而这清单还在持续增加中。最后，以这小肝脏为例，将它扩展至其他人体功能，你将会完全拒绝进化论。亲爱的读者们，请思考！请使用神所赐予你的脑袋自行思考。

休·罗斯博士在其著作《*Improbable Planet*》提到，唯有通过精心设计，我们的人体方能存在以及所有的器官才能相互连接而正常运作。可悲的是，如果任由正常的自然力量随机运作，"生命仅由自然过程起源的概率"可能被证明低至零。

以下为一些数据：

人体中的 79 个器官是由 11 个不同的器官系统和 206 根骨头所组成，它们必须完美地协同运作。

https://www.britannica.com/science/aqueous-humor

Improbable Planet, Dr. Hugh Ross, Astrophysicist, Baker Books, 2016

https://anatomy.app/blog/human-anatomy/

给予进化论者们的问题：

1. 我们的皮肤如何知道它需要成长成为我们免受感染和真菌侵害的结构？
2. 男女的生殖器官如何知道和了解彼此，从而让两者完美地进化至能够符合彼此的繁殖作用？
3. 人体是如何达到对称的？例如：左手是右手的镜像。盲目的随机选择是如何做到这一点的？一只手是如何通知另一只手以成为镜像？
4. 随机选择的进化是如何将两颗眼球合适地分隔开来，并完美地置入我们的头部和与大脑连接以产生立体视觉的效果？
5. 我们的双脚是如何拥有那么多骨头，并完美地设计以能够在经受持续冲击的同时不会散架？
6. 女性的乳房如何拥有哺乳的能力？随机选择如何晓得女性的身体在未来需要使用这功能？她们如何拥有阴道和子宫，使到一颗卵子和精子能创造出婴儿？女性生殖器官如何它们需要在怀孕期间支持一个正在发育的生命？

如果人们不相信我们的天父和三一神其余的成员创造了人体的话，还有许多常识问题可以问一问这些人。你也许已发现我所使用的语言有稍微改变，这是因为我对凡是不认真、负责任学习的人们没什么耐性，他们如牛被人牵着鼻子走，尽相信邪恶的政客们所捏造的事物。

细胞的层面

我们人体不仅在宏观器官层面上有赖于极致微小的容差，在细胞层面更为如此。在细胞的层面，存在着我们的生物学家仍在努力了解的一系列庞大的生物活动。直到今日，生物学家们仍不完全明白和了解 DNA 和 RNA 所有功能以及它们在调控人体生物过程中所使用的机制。

但进化论者们告诉我们以上这些极度复杂的过程都是藉着随机选择而发生的。凡事相信这些论述的人都是傻子。细胞的确是我们人体构造的根本。每个细胞都是一系列复杂得令人难以置信的化学反应，科学家至今仍无法完全理解这些反应。细胞是使生命在器官层面和我们的身体中得以发生的基本工厂。

在细胞层面，我们的染色体、RNA 和 DNA 都包含在其中。请阅读以下内容，以了解一些关于我们染色体的信息，以及它们内部的复杂程度。

换句话说，倘若只遵循正常的物理定律和神在创造物质之前所制定的自然法则，那地球将无法在在自然界力量下形成。此外，人类的身体也无法形成。

我们的天父很有目的性和前瞻性地设计和创造我们所称之为星球的天体。全能神需要为祂儿女们设计一个家园，让他们居住在这个星球上，以此他们就可以通过个人自由意志，以神在灵界设计好的人体来完成他们的命定。

在神介入并为祂儿女们创造一个自然界家园（也称之为地球）后，这些人体和里头的灵命将会诞生于此。此地也是人类历史的开始和结束。人类的故事从亚当夏娃两人开始，并与名为路西弗，一个从天堂堕落的天使（现在被称为恶者撒旦）交织在一起。之后，也被称为地上王子的恶者撒旦很努力试图摧毁神以自己的形象创造的神儿女们。

人类基因组和染色体

在人类的每个基因组中，每个细胞核都有 23 对染色体。它们可分为两类：常染色体（体细胞染色体）和异体染色体（性染色体）。某些遗传特征与人的性别有关，并通过性染色体遗传。常染色体包含其余的遗传信息。在细胞分裂过程中，所有染色体都以相同的方式发挥作用。

在我们的细胞结构中，存在着 21,000 对基因，而在染色体中存有 3,079,843,747 个基因碱基对。DNA 螺旋中配对的 DNA 基对数量超过了三十亿，长度超过六英尺。想象一下，在你身体的每个细胞里都有一条长达六英尺的 DNA 螺旋分子。

我不会让你成为一位分子生物学家。但请大家思考一会儿，在我们身体的一个细胞内，这一切是多么的复杂。这种复杂性要求每一个成分都必须与每一个细胞内的所有其他相关配对成分相互配合。

https://www.sciencefocus.com/the-human-body/dna/[12]

总结

若不是三一神直接参与其中，以上一切生物学上的事情都不可能发生。这直接证明了全能神的无限大能。祂的大能深入到我们身体细胞中的每一个分子。神创造了每一个原子，让原子形成了每一个核苷酸，而每一个核苷酸又形成了每一条 DNA 链，循序渐进。此外，请记住，所有这些关于细胞的讨论都适用于这星球上一切其他形式的生命体。不仅是人类的身体，地球上所有动、植物等的复杂程度都远远超出了人类大脑的理解能力。这直接证明了我们的天父对我们每一个人，即祂儿女们，奇妙的爱。

我们慈爱的天父成就这一切。为什么？这是为了让我们每一个人都拥有所需的资源，以决定我们是否要回到天界，与神在无限的乐园共度永恒。

---

[12] Complex molecular pairs inside every cell in concert with all other associated pairs in every cell https://www.sciencefocus.com/the-human-body/dna/

你在神伟大创造中的生命目的

如果一些神儿女拒绝祂的邀请,他们将选择恶者撒旦和地狱,而在那里,熵的肆虐将导致他们消耗殆尽,最终化为乌有。

你在神伟大创造中的生命目的

20

路西弗
神圣洁儿女们的威胁

恶者从天堂被摔下

回顾先前所讨论的许多事,我们慈爱的天父已知晓在祂众天使中,其中一位将会悖逆祂。这对神来说并不意外,因为祂在各个时空都永存于阿尔法至俄梅戛。祂极爱祂的儿女们,于是提前为这叛变做好了准备。祂创造了灵界。我们都是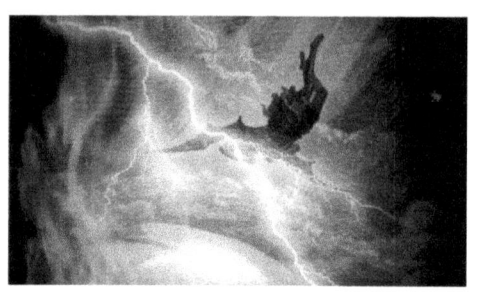
灵体,我们需要通过灵界与我们的天父连结。神早已知晓祂将会驱逐路西弗与它的天使,它们需要歇脚之处。这也是天父创造灵界的其中一个原因。此外,神在灵界中也创造了一个特别的地方,即是地狱。把这里当作所有拒绝和排斥全能天父的神儿女的监狱。我们的天父绝不容许任何的罪出现在天国里。天堂是祂儿女们的圣地,他们将在天堂里享受无邪的爱与奉献;同样,祂儿女们也将以同样的方式对待彼此。那是个完美的天堂。在天国中完全没有一丁点的罪恶。

祂也创造了被称为宇宙的自然界。这是为了支撑我们的肉身,以便在这世上生养众多,好让人们可以测试自己想去天堂还是地狱。这就是你们今天生活在这世上的原因。

当恶者与它三分一的天使尝试反叛我们慈爱的天父时,它们在一瞬间便溃败,从而导致它们立即被逐出天国。它们被放逐至灵界和当时已存在的地球。恶者属天的位格已被夺走,成为了时尚的王子。这些事件都被记载在新约圣经里头。

参考资料：

我强力推荐大家到以下网站去阅读：
https://www.openbible.info/topics/satan_rebellion.

你会在该网站阅读许多关于恶者撒旦的参考资料。所有基督徒都需要晓得这些资讯。因为若是我们不知道，我们将会在这全天候攻击基督徒的争战中一败涂地。你也许不认为自己处在属灵争战中。如果你如此认为，那你就大错特错了。

我积极参与这争战，一生中已经历无数的攻击，从我仍年幼时就发生在我父母身上。这是许多基督徒应该知晓和被教导的课题；我甚至很认真的考虑，我的下一本书籍将是关于基督徒对垒恶者撒旦的属灵争战。谈论此课题的书籍很多，但是，我个人认为这些书籍所讨论的内容不够深入且没建立在个人经历上。我的下一本书籍将会包含我与恶者及它的邪灵们争战的经历。

看似奇怪，但读了这样一本书后，你会比现在更爱我们的天父和三一神。这是一个非常有影响力的课题。启示录 12:7-12, NKJV, 以赛亚书 14:12, 路加福音 10:18, 启示录 12:4, 以西结书 28:1-26

你在神伟大创造中的生命目的
邪恶之诗

恶者反叛并攻击神儿女们
但是恶者撒旦见着并痛恨他们
天父晓得,在创世之初,憎恨的恶者开启了无法挽回的战争
横跨所有时空,它会试图摧毁它所憎恨的一切
无辜的神儿女们成为了恶者撒旦的目标
它的爪牙们聪明而狡诈,四处游荡,寻找要消灭的人
选择神或是恶者撒旦,那是我们需要一直做的选择
我们在这世上的目的,学习去爱或坠入仇恨
照着耶稣所教导的活出你生命,拒绝恶者撒旦及它灭亡的命定
首个受造物是如此特别,专为罪人们而设
是的,亲爱的神儿女们,如我如你的罪人们
慈爱天父为了我们创造这宇宙
为通过祂试验,单单爱慕且领受祂无比的荣耀
身为受造物,我们一定选择奔向宽恕的神
而不悔改的罪人们则被流放至恶者撒旦那里去
在这为我们精心打造的世界
灵里成长,通向天父的道路
在万物中,唯有我们
通向神永恒的居所

你在神伟大创造中的生命目的
神儿女们的堕落

黑暗静悄悄出现在我们面前
如今生命离弃神话语
无人幸免,多数人毫不在意,敲锣打鼓但只有死寂回响
你我和祂,因热爱生命而汇聚一起
然而如今,选择使我们的结合破碎,蜂巢在旋风中自我崩解,
破碎而悲伤的堕落,来自无数空间的低吼,从下方传来。
因此,请允许我们在生命匆忙的流逝中转身,我们的命定皆在等
待。
被罪恶击中,惨不忍睹,活得像迷失的灵魂,堕入自私的深渊
它们让生活和现实感觉如同一座有毒的牢狱
无知的进步者高喊、喧嚷,神是虚无的,我不会听从。
"这是我的身体;我将摆脱里头那可恶的东西"
神,闭嘴!我要堕胎!

杀害我所怀的胎儿,多么可怕和痛苦,这是个罪恶的扭曲
遍地将谋杀合法化!谋杀只是个被拖延的堕胎
但神如此说:"你不该取消,因里头含有谋杀罪",
恶者撒旦丑恶地嘲笑,呼喊道:"神儿女们快过来,
他们冲着我而来,现在击杀神儿女们,就如猫咪一样!
尤其是女人们,无论是否有身孕,她们只不过是一头牛
切记!羔羊在右,山羊在左。因此,耶稣祂晓得

进步派承认自己属于左翼。民主党则无所谓,
撒谎不择手段,获得权力并带着金钱离去。
他们是否知道他们将往地狱去?我们基督徒为他们祈祷。
那么,他们是否找到了神?是否过得很好?避免了地狱的恐惧吗?
生命的构架被摧毁,痛苦不堪,为了罪恶他们如此努力。
相信我是进步的,永远是我,是撒旦的召唤!
玩得开心,做我想做的一切,就像辛纳屈唱的那样:"按照我的方
式去做"。

陷入可憎罪恶的他们必然堕落。
你和我,让我们来一场纵情的欢愉!

你在神伟大创造中的生命目的

在可鄙的罪孽中，他们欢腾雀跃，给我更多的金钱！
他们毫不关心，直到离去，接着便是无比的震惊，可怕的打击。

他们再也无法活着见耶稣基督以及四周的天使
氛围中再也没有无比深厚的大爱
解释他们带给神儿女们的所有伤害和痛苦
他们无法直视在纯洁的爱中的自己
祈求耶稣说："请宽恕我。"耶稣回应道：
"我从不认识你，离我而去吧！"
在这个如此沉重的最终章，

抽泣和咬牙切齿，尖叫声超越一切所能听见的声音
这就是那些拒绝我们慈爱天父罪人最终的声音
如今他们终于晓得自己已在地狱中
所有人都不懂他们去了哪里，神是谁？他们的大脑夸口道
他们自以为聪明，但恶者却向他们投掷痛苦的火焰
如此愚蠢而虚伪，有些人认为他们的视野是如此的高远
然而，从天望下，他们是如此渺小、卑微
愚者不自知，
太愚蠢以至于不知道自己如此迷惑
这是慈爱宽恕的神所总结的
永恒的路西法牢狱，被腐臭所覆盖的地狱
拒绝了神圣的呼召，回到你的牢狱中
"祂已复活"，为所有神儿女牺牲自己
凡只爱自己的都无法被提，
他们将留在最初的创造中，所等待他们的只有虚空

拒绝我们的主与救主耶稣基督，伤害他人，
而祂将不会肯定你，因为你憎恶
前往可怕痛苦等待着的地方
你将直接往地狱去

凡不承认耶稣基督，以及不遵从祂旨意的人，
他们将到地狱去，最终消耗殆尽.
走向完全的虚无，一切将不复存在

你在神伟大创造中的生命目的

一切都将消耗殆尽,化成乌有
最终,你周围的一切,包括"你",都将消失
所剩下的尽是接近虚无的散落微粒

你从虚无而来,你也将回归虚无
没有一丁点关于你存在的回忆将会留下
因这表示事物的存在,因此,虚无中不允许事物存在
在天国的人们也许仍记得某人,但回忆
将悄悄在爱里消逝,就像从未存在过一样

神儿女们中为现今的国家感到担忧
罪孽弥漫,比以往何时都更为浓烈,无所不在
广播新闻中传来充斥着精心策划的卑劣和谎言的空气
美国政府中充斥着神所憎恶的无数仇恨宣传
若有人道出真相,成千上万将被丢进监狱里

可恶的罪孽现在存在于最高的政府机构中
撒旦渴望摧毁我们自由和平等的国土,
抵消神的神圣恩典,将男人变成女人,
将女人变成男人,让彼此使用对方的洗手间
迫害那些深爱创造主的人
魔鬼是普世的自由仇恨者
他们想要消除我们的真理之言
他们渴望通过将真理称作谎言的方式摧毁真理
他们希望谎言在他们虚伪的"真理部"中占上风
这对凡有双眼的来说是显而易见的

以一颗充满爱的心观察那些远离真理的人。
留心察看被邪恶充满的人,撒旦的子女,他们野蛮而堕落,
他们正在崩解,因为谎言腐蚀他们,
就像耶稣咒骂无花果树时所做的那样。
当心那些心中有蛇的人

可悲的是,正是他们民主党正领导我们的国家走向毁灭,
理由很充分,即是他们的仇恨和贪婪

你在神伟大创造中的生命目的

当中最好吉祥物，希拉里坐在一匹背脊下垂的驴子上
我们能否在这场撒旦式的袭击中幸存？
媒体当然希望不是。
他们所说的谎言，必将把他们全都，是的，全都直接送往地狱。
记住，亲爱的基督徒，耶稣会说："我从未认识过你！"

我们的共和党是否能够在撒旦的代言人下存活？
我肯定地说"是！"
我们自由的神爱共和党！
但并不是白白得来的，我们必须汗流浃背地耕耘
信靠建立我们国家的神！
跟随祂的道路、命令，单膝跪下向祂祷告
恶者撒旦与它的孩子们都会化为乌有
它们不再搅扰我们，我们住在基督里

灵界——恶者撒旦影响神儿女们之处

所有人都面对着真正的危险，即恶者撒旦会利用属灵事物的能力欺骗人们，以达成它的邪恶目的。许多人屈从于巫术、水晶球、巫术、占星术、星座和魔法等事物。通常，这发生在智商较低、文化和社会相对落后的人群中。这也发生在忽视他人需求的人身上。在内心深处，他们的属灵本质是"我第一，你去死吧。"不幸的是，我们在政治中发现了许多这样的人，因为他们渴望施压他人。他们从不愿意聆听有关三一神的耶稣基督降临到这世上并痛苦地牺牲自己，以建立神儿女们与天国的最后连结。祂来到这世上是为了服侍人，而不是命令人。若你真心追随我们的主与救主的榜样，你将在神眼中视为善。

所有这些"以我为先"的属灵价值观离充满慈爱的基督教真理甚远。还有，这根本就是背叛，而恶者撒旦可以影响人们的思想，前提是神儿女是否有无意识地地允许了这种影响。它以诱人的试探展现，吸人眼球的外表，但却摧毁内在的灵魂。<u>再一次，这是由于我们的心思意念与灵界有直接联系，而恶者撒旦从中玩弄神儿女们于股掌之中。</u>

你在神伟大创造中的生命目的

好消息是，我确实拥有属灵的能力，奉我们的主与救主耶稣基督的圣名通过命令它们回到属于它们的地狱去来摆脱它们。我用一个想象中巨大的火焰喷射器瞄准它们，然后它们就消失了。每个基督徒都有同样的力量。不要犹豫使用它，那是你身为基督徒俱来的权柄。但所有这一切都是如此让人心烦和讨厌，真是令人恼火。

在另一个层面上，撒旦试图接触人们的方式更为绚丽。他可以使具有破坏性的事物看起来对个人的个性和欲望非常有吸引力。通过这种方式，它构建诱惑，引诱人们陷入罪恶。整本书都可以书写关于这个话题，但我相信你现在已经有了概念。

但不要害怕恶者撒旦和它的爪牙。它无法强迫你做你不想做的事情。它通过诱惑和看不见的罪的毒钩附在它所提供的一切事物上。在凡事上坚持祈求神的保护和引导，你就会没事。

下一个有关属灵争战的章节将会更详细地探讨与恶者撒旦的争战。

你在神伟大创造中的生命目的

21

伊甸园中发生了什么事？

创造是为救赎而设

我已曾说过，但这仍值得重复。受造的万物（看得见或否）都有一个具体的目的。神所创造各种空间的目的是为了让我们从罪恶中获得救赎的机会。祂也因同样的原因创造了人们荣美的肉体。我在先前已详细交代，但由于这太重要了，所以只得再重复提及。

如果你是属于自然界的一部分，那你也处在这宇宙的时间线上。天父选择这条时间线的方式是，当祂儿女们诞生在世上时，他们将有足够的时间深入了解自己，并从不同角度认识全能的神，从而理解到他们不仅是肉体上的孩子，而且还有极其重要的属灵层面，可以与天父沟通并做出回应。请记住，受造物被分成两个部分：灵界与自然界。这概念也反映在在我们的肉体上，因为我们的肉体也分成两个部分。这两个部分被创造以完美地与神儿女们的身体相匹配。

我们的肉体是为了展示我们依据灵体而做出的举动。通过此方式，我们能够从行动的结果学习。我们在世上的行为源自于我们的灵体（包括我们的思想）。通过此方式，我们可以了解自己和灵体的状况。这让我们可以对我们所不满意的作为进行改变。自然界基本上是一个巨大的反馈回路。

灵界和自然界相互匹配的目的是为了然神儿女们在全能天父和因反叛被逐出天堂的恶者撒旦。因此，在灵界中，我们的自由意志存在着相互竞争的势力，以决定我们选择哪个命定。要么与我们慈爱的天父永远活在天堂里，要么选择恶者撒旦不道德和无法无天的道路，让熵肆虐并将整个自然界消耗殆尽而导致最终的灭亡。

对神儿女的的深奥神学问题

我想要你们一起思考一个很有趣的深奥神学问题。很肯定的是，会有许多神儿女会选择恶者撒旦和地狱的道路。神圣洁且分别为圣的儿女们会与祂（三一神）在天国里共度永恒。我的问题是：当那些拒绝我们慈爱全能天父的人们化为虚无后，在天国里的我们是否会不再记得之前在世上认识的人们？我们是否还会记得那些选择恶者撒旦的道路而导致自己的存在被抹除的人们？他们已魂飞湮灭，化为乌有。我们是否会以某种方式记得他们？或是他们就如从未存在过？让我们想一想。这对万物而言是个事实。换句话说，虚无是否包括对过去毫无记忆？

我知道这问题的答案，但我会先不告诉你。亲爱的主与救主耶稣基督告诉我了答案以及为什么答案是如此。亲爱的神儿女，此时此刻，你不妨深入思考一下这个问题的答案，以及为什么答案一定是如此，这样做会让你受益匪浅。由于宇宙周期的影响，地球维持人类生命的能力将开始迅速下降。

伊甸园

地球是全能的天父所创造的奇点（singularity）经过 85 亿年成长的结果。在此之前，天父创造了所有的定律与原则，从而引导这奇点逐渐扩展。所有自然界的成长与发展最终将会导致一个星球的诞生，以满足神儿女们的需求。所有神的儿女将诞生在这星球上。

这自然界中，地球如此被放置在全宇宙中是为了发展成神儿女们诞生并完成他们的命定的完美环境。伟大的科学著作以最精确的方式论述了这种发展，证明神完美地设计了这个宇宙的所有因素，使地球及其存在的周期确实能够支持祂儿女们决定他们的命定。值得一提的是，支援人类活在地球上的周期即将终结。以科学的角度而言，详细的分析指出地球上有利的环境即将在短时间内消失。从那一刻开始，人类将越来越难维持在地球上的生命。

伊甸园，一个十分特别的所在

地球和宇宙除了为了神儿女们完美被设计之外，在世上好有个十分特别的地方——伊甸园。神的第一个孩子就在此地被创造。伊甸园是神的首两个儿女居住的完美之地,简直是个乐园。亚当在那里被赋予为所有飞禽走兽取名的任务,所有动物都与他打招呼。夏娃的到来是为了支持亚当的任务,给予他所需要的陪伴和爱。

如今,再次强调,神儿女们诞生在这世上是为了获得选择回到天父的机会。所有神儿女在很久以前就被创造并以灵体的形式与全能天父同在。如今,随着路西弗悖逆全能的天父,所有神儿女必须凭着个人的自由意志决定是否要回到天父那里去。

这就是为何神将分别善恶果树放置在伊甸园之中。无论他们如何选择,他们的举动将直接影响他们的后代。这后果是非常严重的。如果亚当夏娃顺从神唯一的命令而不吃分别善恶树上的果子的话,他们所有的后代将持续留在回归慈爱全能天父的道路。他们将随即在乐园与天父共享永恒。

这乐园对神儿女来说是无穷无尽的。然而,可惜的是,他们因恶者撒旦的欺骗而选择吃下分别善恶果树的果子。它欺骗夏娃,夏娃则欺骗亚当。这简单的举动却违背了全能的天父,而如今他们的子子孙孙需要劳苦耕种才得以生存。从这一刻开始,生命变得艰难。从那一刻开始,恶者撒旦可在世上横行霸道,诱骗神儿女们,即亚当夏娃诞生于世间的子子孙孙。如今恶者撒旦获得了向全能神复仇的黄金机会,因神将它逐出天国,并将它摔在灵界中,即地狱和世界。

如今,恶者撒旦将开始通过各种欺骗、破坏、混乱、迷惑以及种种负面的思想,竭尽所能搜集神的儿女们。

问题:不完美如何从完美中产生

为何亚当夏娃看不透恶者撒旦的奸计?今时今日的我们可以很轻易地指出她错得有多严重,并怀疑她为何会做出如此糟糕的选择。神岂不赐予亚当夏娃足够的聪明智慧以避免这件事发生吗?请记住,神在各方面皆完美。神创造了夏娃,也可以说夏娃的创造是完美的。因此,她必须是完美的。夏娃个人的自由意志肯定拥有做出完美抉择的能力。那为什么她错得如此狼狈并且还向亚当撒谎呢?完美岂不带来完美吗?现实中发生了什么事?

你在神伟大创造中的生命目的

我向我们的主与救主耶稣基督提问这问题。以下是祂的回应:

2022 年 8 月 24 日,下午 3 时 17 分

耶稣基督

啊!我亲爱的孩子,你的提问很适时。这是逻辑学上的难题。夏娃没有祖先,所以无人能够将不完美的事物传给她。神先创造了亚当。亚当在夏娃被创造的过程中提供了他的臀部,因此这过程仍然是完美的。因此,亚当夏娃俩都是完美的,而且神也赐予他们个人的自由意志。

因此,你可以很准确地说,他们在世上曾经短暂地过着天真无邪的生活,直到他们遭到恶者撒旦的利用。尽管他们外表看起来犹如成人,但他们并不算是成人。在属灵和知识的角度而言,他们更像小孩子。因此,恶者撒旦很轻易地通过愚弄神儿女们吃下分别善恶果树的果子来向全能的神复仇。他们俩对对这种事情上的决定毫无经验。

在夏娃吃下禁果后,她立即从道德完美之人成为一个罪人。如今她终于知道什么是罪恶以及罪恶所能做的事。对犯罪的人而言,他们总想要掩盖自己肮脏的行径,夏娃也不例外。所以,她欺骗亚当,告诉他关于果子不实的信息。

此时此刻!神是否容许恶者撒旦破坏祂的计划?神早已知晓这件事会发生。容我再重复一遍,你们的天父活在过去、现在和未来。祂和我一样,存在于你们的时空之外。因此,为了达到祂的意愿,即考验祂儿女们,看他们是否要与祂在乐园共度永恒,或与恶者撒旦一起面对归向虚无的终极瓦解。所以,祂必须允许这过犯发生。

这对夏娃而言,是她个人自由意志的选择。她本可以做出不一样的抉择。假如这另一个抉择属实,假如她拒绝吃下那果子,救恩的历史将不会发生。这包括了耶稣基督为宽恕我们的罪而死在十字架上这回事。所有事物都会不再一样。

假如这情况属实，那所有神儿女将永远不会知道他们是否真的配得他们在天堂的位置。他们将不会知道自己是否能够通过考验，向自身和全世界证明他们确实配得与天父在天堂共度永恒。这一切将不得而知，而这是天界所无法容忍的。

让我们继续，我们现在见识了亚当夏娃在被逐出伊甸园后，为了生存而所面对的持续挣扎。这即是人类现今的生活写照。我们每天都需要工作，而且还得从事其他活动，以生产让家庭生存所需的商品和服务。如今，我们每一个人都被赐予一个选择。我们要么追随我们的主与救主耶稣基督的脚步，或不活在全能神所赐予我们的诫命和原则之下。我们以行为和行动证明我们配得回归天界与全能的天父共度永恒或否。我们现今所经历的一切是夏娃许久前所决定的结果。

问题：亚当夏娃在伊甸园的故事是否是人类历史确实发生的事件，还是传说或是在隐喻已发生的事件？

2022年8月24日，下午3时40分

再一次，这是个好问题。不用说，除了基督教的先知们记载在圣经中的内容外，当时没有人记录所发生的任何事情。圣经中的内容是基督徒们获取准确信息的最佳来源。但在一些真实事件上，我们得给予些许的文学自由，还让这些内容能够为我们提供全能的神想要传达给我们的真实信息。

关于亚当夏娃在伊甸园的事件，这是一个对所发生的一切的记录的一个准确的比喻。确实曾经有两个人，即一男一女，他们最早居住在一个十分茂盛的环境中，而此环境为他们俩提供了大量的食物，让他们得以存活。既然他们是首对诞生在自然界的神儿女，你们的天父十分关注他们在世上的动向。祂总会为他们解答他们的疑惑，并安抚他们许多的恐惧等。对他们而言，身处在陌生的地方，有别于他们先前的居所，确实不易。尽管他们的记忆暂时被移除了，但对于他们来到地球之前的所发生的一切，仍有一股挥之不去的冲动。人类的思维一般都是如此。尽管我们已经忘记了过去，但仍保留着一些浅浅的回忆。

即便这是个隐喻故事,但它却是准确的故事,并非为了圣经的利益而随便捏造出来的故事。

你在神伟大创造中的生命目的

22

无法逃离的地狱

地狱如何融入神的创造中

我认为这是人们未曾想过的问题，将地狱存在于灵界中这回事与其成为神创造计划的一部分相联系。为何神容许恶者撒旦和其爪牙们的存在并在神儿女们中制造混乱？ 我们有充分的理由相信，恶者撒旦的时间愈来愈少了。如我之前所说，我们现今在世上所见识到日益增加而最终将拒绝天父的人们分解的熵，直到他们最终被消耗殆尽。

为什么地狱仍然存在

地狱处在灵界之中，并同时与自然界相联系（就如我们之前所讨论到的）。回顾一下，灵界和自然界都是特地为神儿女创造的，好让他们能够永远与天父同在天堂里。请记住，万物被创造好让神儿女们拥有机会，通过自由意志选择天父或恶者撒旦的道路。若非受造物，神儿女们就没机会为这永恒的决定做出抉择。创造确实是神对祂儿女们所作出的爱的行动。

对于那些在世活着时拒绝我们天父的神儿女而言，他们会明白他们需要在地狱里度过他们的余生。由于他们在世上的所作所为，他们再也不可能去到天堂。神创造了地狱，让这些孩子有一个去处，而在那里，他们不会干扰神其他的儿女完成自己的命定。这是一座监狱。这让我想起了很久以前"蟑螂汽车旅馆"的广告。那是一个捕捉蟑螂的陷阱。它的广告语是 "它们可以入住，但不能退房"。出于天父准许的罕见属灵缘由， 少数的神儿女们被神强大的天使们带到地狱去。这是为了提醒他们要么就挺直做人，要么地狱就是他们的命定。你们可以在网络上看见他们回到世上后所分享的见证。他们都说地狱实在太可怕了，可怕程度超乎了任何人的想象。许多好的网站都有这类信息，这些信息是由下过地狱的人所提供的，目的是想要警告人们，如果拒绝我们慈爱的天父，那等待他们的将是这恐怖的下场。

请记住，路西弗被驱逐出天堂，来到了与自然界（包括地球）相连的灵界。请记住，耶稣基督曾说过，灵界是很大的。地狱只占了灵界的一小部分。我想象它应该处在荒郊野外的地方，距离一切都很遥远。地狱与整个灵界相比面积相对较小。地狱是一个很可怕的地方，它犹如一条单行道，所有进到去的神儿女们都再也出不来了。

神儿女们与地狱

曾经有个孩子，他自愿地决定与恶者撒旦同行。那人如今到了地狱并被囚禁在那里。凡是拒绝全能神而选择恶者撒旦的道路的神儿女们都无法逃离地狱。通往地狱的路只能进去，无法出来。这些神儿女们已做了他们的决定，已无法挽回了。

那孩子进行了一生完整的回顾。所有细节都没遗漏。那孩子被展示和揭露为何他无法进入天国的细节。所有的原因都基于那孩子在世活着时的方方面面。这意味着他们藉着自由意志做出邪恶的选择和犯罪，他们内在的态度和思绪导致邪恶的作为。他们也会看到自己过去生命中本可以选择神的道路却拒绝掉的所有机会。他们要为自己曾对其他神儿女们所造成的伤害负责。他们会看到这些痛苦的细节。

为什么恶者撒旦依然可以进入天堂？

现在，有人可能会问道为何恶者撒旦能进入灵界，并对世上地上的神儿女行恶呢？为何恶者撒旦仍然能够进入天堂？答案是：恶者撒旦和其爪牙们仍然拥有天使的属性以及所有天使的能力。因此，它们可以按照自己的自由意志，自由地从地狱进入灵界，或再次回到地狱。

另一方面，神儿女们不是天使，他们无法拥有相同的能力。这也意味着凡是拒绝天父的神儿女们将无法逃离灵界中的地狱。我想要强调这一点。只要一个堕落的神儿女选择恶者撒旦的道路并在之后经历肉体的死亡，那孩子将会遇见神的天使们。

这是充满爱的举动，因为我们得记得天堂里的天使不带有任何负面的元素、憎恨或愤怒。这些不是他们的本性。他们是纯爱的泉源、是我们天父永恒不变且深厚的爱的真实写照。凡是通过自己的行为、思想及其他邪恶属性而选择下地狱的人们很快发现自己做出如此选择的原因；正因如此，他们无法被允许进入天国。人们可以将边缘案例写成书，例如：那些真的因精神疾病或其他因素的人们，他们之所以选择邪恶的道路不完全是因个人的选择，而是源于他们身患疾病，这并非他们的过错。关键在于，他们是否通过个人的自由意志选择邪恶的道路。

神尽可能给予祂儿女们机会进入天堂

有些少数的神儿女们在得到关爱和支持下被允许进入天堂。他们将竭尽所能挤进天堂。你们的天父想要尽可能给予所有神儿女机会到天堂与祂共度永恒。这些边缘儿女将会被安置在天国的某处。在那里，他们会得到所需要的帮助，以正式成为天国的公民。主耶稣基督让我想起一位我很熟悉的人，而他目前在地狱里。

2022年10月15日
耶稣基督

我亲爱的孩子，这里有一个你认识且参与其中的案例，你所认识的这女人在情感上被她母亲摧毁得体无完肤，她无法胜过因自小遭遇所产生的破坏性情感以及极深的愤怒。我亲爱的孩子，我知道你为了帮助这女人摆脱自身的困境所付出的努力。在你和她离别多年后，她去世了，并数次出现在你面前。

你并没发现她已去世。你还记得有一次她惊恐万分地出现在你面前，并且尖叫"救救我"的那一刻吗？你还记得当时我告诉你，需要你帮助她，而你吩咐她挽着我的手，让我领她到天堂去。她的确拉着我的手进入了天堂。

之后，她进入了天国的康复中心，尝试从她母亲对她所造成的伤害中恢复过来，并从中了解她在世上作恶的缘由。这康复的过程包括了心理治疗、对她内心强烈负面情绪的治疗并教导她关于天国的公民教育。天使们为了她竭尽所能，但她认为自己无法负荷以上的一切，她觉得居住在天堂很不自在。因此，出于她个人的自由意志，她选择了地狱，她认为在那里她可以做她自己，做她觉得想要做的任何恶事。

这是其中一个边缘案例，尽管神儿女已被领回天家，但他们还是能够选择去到地狱，因为那是他们所知道的一切。即便他们到过天堂，他们也会主动拒绝留在天堂里。我知道这对你来说很难接受，但我与你一起经历这一切。

这并不表示天国的能力是有限的，而是天父始终尊重祂儿女的自由意志。在这起事件中，你亲爱的朋友使用了她个人的自由意志，心甘情愿到地狱去。在那里，她可以目无法纪地为所欲为，因为她深知最终她将会回归虚无。

我亲爱的孩子，我发现这让你很伤心。但是，你的天父始终会尊重祂儿女的自由意志。请为着神儿女们的益处，继续完成你荣美辉煌且神圣的任务。

问题：神儿女在进到天国后，他们有没有可能会从天堂跌落到地狱去？

我们的主与救主耶稣基督继续回答道：

2022 年 9 月 15 日，上午 8 时 40 分
耶稣基督

神儿女一旦进入天堂，不可能到地狱去。这是正确无误的。然而，这可能发生在被允许以试用身份的方式进入天国的神儿女们。如我之前所说，你天上的父尽可能为祂所有儿女提供进入天国的机会。亲爱的孩子，之前那女人是在你的帮助下得以进入天国。她是以试用身份进入天国，而条件是她必须参与一切必要的活动，以消除残留在她内在的恶。她选择不要完成她的治疗并选择下到地狱去。那是她对永恒所做出的抉择。这对于其余神边缘儿女也是如此，他们无法完全通往天国各个区域。天堂的某一处是专门帮助那些已被宽恕但仍保有强烈作恶倾向的儿女们进行康复疗程。他们无法被允许进入天国。他们需要在神圣生物的帮助下努力达到进入天国完全荣耀的条件。

至于那些已通过个人自由意志清楚决定要进入天国的神儿女们，他们必然得以进入天国。每个神儿女的罪虽已得着赦免，但他们内心仍存留极小部分能够带来分裂的倾向。这就是为什么神儿女们确实得经过成圣的过程，虽然这课题在虔诚的基督教群体中鲜少被提及。完成这项任务后，神儿女们再也不会有任何离开天国的想法，或不会再做出任何会导致这结果的事情。事实是，他们

不会再对无限天国之外的事物有任何的念头。地狱将成为非常遥远且不值一提的想法。

换句话说，他们在进入天国后仍会保存个人的自由意志。他们的内心已被洁净，而过程是如此充满爱、喜乐、满足，他们是如此被爱，以致将离开神永恒国度的念头完全抛在脑后。我希望基督教群体，即这世界属神的群体能够更了解这回事，因为如今这课题完全没被提及或讨论。我亲爱的孩子，我很开心你带出这课题。它有助于完成你天父和其余三一神（当然包括我在内）对创造的原意。

你在神伟大创造中的生命目的

23

神为救赎做准备

如一则旧时抗酸药商业广告所说的:"哦,真的让人松一口气啊!"我们的主与救主,耶稣基督,终于降临到人世间。让我们面对事实吧,人类当时陷入了一片混乱,处处都充斥着自恋、自以为是、精神失常的异教徒国王,以及巫师和巫医。若要苟且偷生,就得向层层的当权者行贿,以求他们放你一马。如今,诞生于这世界是最后的桥梁,也是神儿女们和天父之间的关键桥梁,以搭建通往回归天国(我们原先的居所)。是的,我亲爱的基督徒朋友们,我们所有人,包括你和我,在来到这世界之前就曾与天父在天国中共度好久的时光。这是个美好的想法,对不?更好的是,如果你爱我们所有人,你将会回归永恒。

耶稣基督所扮演的角色
拿撒勒人耶稣在神儿女们的救赎工作中扮演了至关重要的角色。若无拿撒勒人耶稣成为基督,就不会有所谓的救恩。完全没有!在耶稣到来前,神与人之间的桥梁因罪恶而被破坏了。此事是因着亚当和夏娃吃了分别善恶果树上的果实而导致。在所有的受造物中,耶稣基督是全人类救恩的绝对必要条件。为何如此?

耶稣基督在全方面既是个完全人,同时也是完全的神。无论以什么形式存在,祂都是完全的神。耶稣是三一神中的其中一位。天父认为,我们的主与救主将全权负责所有与神儿女们的救赎工作。

我们的救赎需有两大要素。首先是所有的受造物。我们的自然界与数个灵界皆重要,因为它们提供了神儿女们回归天国的基要属灵道路。神儿女们能够在自然界展示他们对神的爱。或者,可悲的是,他们也可以展示他们拒绝对神与祂律法和诫命。真正决定这一切的是神儿女们的态度行为。神儿女们将为着他们在世上的举动而被审判,而这审判将是永恒的。

你在神伟大创造中的生命目的

简单地说，神儿女们必须向天父展示他们接受他的独生子耶稣基督，也接受祂所赐予我们的圣灵。第二则是我们慈爱的主与救主耶稣基督。祂是天堂与世上的桥梁。除祂以外，别无他人。若无我们的主与救主耶稣基督以及祂所成就的一切，神儿女们根本无法被救赎并回到天国。

记住，耶稣基督既是完全人，也是完全的神。耶稣基督降世，深知祂将承受死亡的牺牲以抹去神儿女们的罪恶。当亚当和夏娃在伊甸园因着恶者撒旦的谎言而失去恩典，耶稣基督抹去了他们的罪。

此外，耶稣基督建立了祂的教会，好让教会能够继续传讲福音，直到未来。一直到神再次差派祂的儿子回到这世界。我们不晓得这将会在何时发生，没有人晓得，即便主耶稣也是如此。

马可福音 13:32 "至于那日子和时间，没有人知道，连天上的天使和子也不知道，只有父知道。

"主再来的确切时间是任何人都无法计算的。当主说出这些话时，讯息指出只有天父知道这些信息。显然，基督是从他人类知识的角度来说话的。（路加福音 2:52）

以上是我们的主与救主为着我们的救恩在世上的工作的超简化版说法。耶稣基督满有慈爱以致祂在十架上仍宽恕在祂身旁的罪犯，并且还告诉他们俩将在之后到乐园去。这是多数人忽略的特别事件这表示首位进入天国的神儿女曾是个罪犯。这充分说明了，倘若你接受神和祂的诫命，并接受祂的爱子，即我们亲爱的救主，你将会获得救赎，罪得赦免。

唯有借着我们的主与救主，耶稣基督，也是道路、真理和生命，我们才能够到父那里去。除祂（我们的主与救主，耶稣基督）以外，别无他法。耶稣基督是我们教会（亲爱的基督教会）的基石。你认为，为何全世界所有教会祭坛前都会有个十字架？每一场弥撒都是为了欢庆耶稣基督在十字架上的舍命，没有耶稣基督就没有人类的救赎。世界上的每一个人都要感谢我们的主和救世主耶稣基督。每

你在神伟大创造中的生命目的

一个阅读这本书的人都要感谢我们的主和救世主耶稣基督。这一点也不夸张。

我们的主与救主持续与我们每个人同在，横跨我们的生命。是的，天父和从祂而来的圣灵以及在他们里面的圣灵都是如此。但的主与救主为我们舍命，让我们能够回到天国（我们曾从那里而来）。记住，我们在遥远的从前曾在天国与天父、祂的独生子和圣灵一起共享永恒。

天父的独生子降世并为了我们，痛苦地在十架上舍命，好让我们能够回到天国，再次与三一神共度永恒。这让祂在我们心中树立了独特的地位。我深爱着天父，这份爱是如此深厚，以致言语皆无法形容。同样的，我对圣灵的爱也超越了言语所能形容的。但我对我们的主与救主的爱是无法用言语表达的，我对祂的爱与联系是如此紧密。祂就像我的兄弟一样，与我有着如同家人般深厚而丰富的感情。

在许多方面，我们的主与救主，耶稣，也扮演者我们与亲爱天父的代祷者。我们的天父非常爱我们，祂是最终的权威，为我们做决定时会考虑到我们最大的益处。祂是那位确保我们走在正确的道路上，使我们不会以任何方式伤害自己，因为祂知道什么才是对我们最好的。祂是我们在任何情况下都能信靠的那一位。我们的主与救主耶稣基督与天父同工，以决定什么对我们最好，也向我们解释我们在任何情况下应该怎么做，并与我们同工，帮助我们采取适当的行动。祂们俩对我们的爱超乎一切我们所能想象的。祂们与圣灵，以各种方式安慰我们。

所以我们可以放胆说："主是我的帮助，我决不害怕，人能把我怎么样呢？"（希伯来书 13:6）

耶稣昨日、今日及永远都不会改变。

这句话帮助我们回顾过去，展望未来，好让我们知道祂是可靠的，祂所说的话是可信的（希伯来书 13：8）。祂永远不会撇弃或离开他们（希伯来书 13：5）。信徒应效法那些信靠祂的信心人物的榜样（希伯来书 13:6）

你在神伟大创造中的生命目的
24

耶稣在我们是生命中到底扮演什么角色？

遥远的从前，我们尚未被造，唯有祢，亲爱的主，圣灵，天父。
祢们三一神在天国中。
祢对万物的爱超越了我们所能看见的。
祢的大能和大爱都远远超过了曾经存在的一切。
祢与三一神一直存在到未来，祢能看到即将发生的事情。
而祢也看到了所有的儿女，包括还未出世的我。

感谢你，我亲爱的主。我谦卑地献身于你。
我们的父亲之子，非创造而生，与父同体，
来自光明，与父同体，
通过他，万物被创造，
来自光明，真神之真神，
他将奏响他的爱之歌，
献给所有他为之而死的上帝的神圣子女
的确，我们的主救主耶稣基督在天堂之前知道我们会犯罪。

亲爱的主，为着这一切感谢祢。
我满心谦卑地将自己献给祢。
天父的爱子，非创造而生，与父同在，
光之光，与父同在，
万物借着祂被创造，
光之光，真神之真神，
祂将奏响祂爱的诗歌
致因祂舍命而如今已在天堂的神儿女们
我们的主与救主耶稣基督确实知晓我们会犯罪。

在夏娃受试探而堕落前，世上万物皆完美无比。

149

你在神伟大创造中的生命目的

这是在地上的天国，没有病痛、美食，
许多事情要做，忙着照顾所有飞禽走兽。生命如免费的午餐。
在两人吃下禁果后，一切都改变了，他们深感责备。
他们确实如此！因他们为人类带来了无尽的苦难。

从伊甸园的那一刻开始，艰难和痛苦由此开始
三一神早已知晓，神给予祂儿女们的计划也因此展开
恶者撒旦引诱了夏娃，夏娃欺骗了亚当，亚当吃下了果实，如今他
无法逃避所犯下的罪
离开伊甸园，进入患难和艰苦，为了糊口而工作，
在泥土中辛勤劳作，如今已没轻松事，而且这将是永无止尽的。
如今，所有世代都将在痛苦中，邪恶无处不在，谎言充满遍地。

耶稣的心碎，耶稣为儿女们哭泣，
祂为他们的痛苦哭泣，这本不该发生，但事实摆在眼前。
痛苦和折磨降临到大地，婴儿们在哭泣。
无辜者在痛苦中，为着自己不知道的原因而哭泣。

失去了在地上永恒生命的应许。
. 每一个人的诞生，随着恶者撒旦的谎言和背叛被影响。
当夏娃屈服于撒旦的谎言并欺骗亚当时，罪就入侵了人类。
在地上的天国，如今的独生子耶稣，
祂将有所行动，带领神儿女们回到天国中。
回到我们的家。
而祂将因爱而牺牲自己
对所有人说："平安"

凡领受天父的爱之人的道路
他们将前往天国。我们是蒙神所爱的！
正是这些慈爱天父的儿女们
遵从祂的旨意并无私爱人，
他人因神儿女们的爱而居首位。

你在神伟大创造中的生命目的

25

当完美遇上罪恶

我们应该充分理解我们的主与救主耶稣基督的交汇点——请记得耶稣尚未成为基督。祂还没成为那羔羊，即那完美的祭，借着献上自己洗净人们的罪孽（从亚当夏娃开始），方能赎回全人类。当这一切成就后，所有的儿女把都必须进行水浸礼，象征着他们的罪孽已被洗净，竭尽所能活出真实和诚实的生命，并定期向耶稣基督的教会忏悔自己的罪孽。

这是我们的开国元勋所确立的基督教基本教义。但我们必须从微观的角度来看待发生在我们的主与救主耶稣身上的事情。因为祂是真百分之百的神，也是百分之百的人。祂是独一无二的。在我们的主与救主说出 "成了！"的那一刻，祂是唯一一个以神的完美摧毁罪恶的人。耶稣的肉身将罪与神的纯洁合而为一，我们称之为耶稣基督。

在我们的主耶稣身上，这两种爱以这种形式交织在一起，神的爱在荣耀中取得了胜利。恶者撒旦想尽了一切办法来引诱耶稣，使祂偏离对全能的天父和祂所有儿女的爱，但都没有成功。恶者撒旦从一开始就注定要失败。

然而在我们的主与救主的内心深处，耶稣属肉体的一面与属天的一面一定正激烈地争斗着，双方互相拉扯。亲爱的主啊，请问那是怎样的状态？

2022 年 11 月 17 日
耶稣基督

我亲爱的儿子，你确实很有提问的恩赐，能提出很有深度且一针见血的问题，在许多方面，我内心的一半在与另一半不断斗争。那种感觉就如同时敲打着两面鼓。坦白说，这种回声令人感到恶心。当然，这恶心的感觉来自我人性的一面。但我对万物的爱是如此强烈，以至于痛苦的部分很快就会消退，我很快地重新站稳脚跟。

我经常遇到的一个问题是，我很快地就获得了"医治者"的美誉。每个人都希望我能够立刻医治他们。但其实三一神并非如此行的。医治意味着放大身体的自然愈合过程。神迹般的医治会放大病人体内的自然愈合过程，让病人相信他们正在被医治，所以这需要时间。如果医治过程是立竿见影的，我就不会再做其他事情了。好了，说到这里就足够了。

让我们回到"既是神，又是人"这一点上，我总是尝试以简单的农业术语传达我天父的信息。这是因为当时的人们的生活作息总会和农务有所挂钩。每个人对务农都有一定的认知，所以以这种方式向他们讲解会比较简明易懂。在我的内心深处，神性和人性之间不存在分界线。人类的脑袋并非如此设置的。人脑有不同的功能模块，在一个区块或一个点上有听觉，在另一个区块有认知，在第三个区块有定量技能，在另一个区块有其余的功能等。因此，这并不像把一只手放在另一只手上，一只是神的，另一只是人的。完全不是这样的。它来得要复杂、深刻得多。

你在神伟大创造中的生命目的

26

我们的万福圣母玛利亚

天使显现

我们亲爱的圣母玛利亚，在天使还未向您显现，并询问您是否愿意成为全人类的救主的母亲之前，请问您过着怎样的生活？

圣母玛利亚谈及当神的天使向她显现

2022 年 8 月 4 日 August 4, 2022
万福圣母玛利亚

哦，我亲爱的儿子，理查。身为希伯来人的我们，曾经有过一段动荡的时期。罗马人不断走家串户，让人们知道他们的存在，并搜寻他们名单上的罪犯。他们总是在寻找人们可能违反罗马政府法律的证据。我们无论出门、做生意或在街上走动都被命令，我们经常活在恐慌之中。由于我当时还是个年轻的女生，因此我也相对受到保护，不像社群中男人一样经常受苦。被虐待是常有的事，而我们的男人们是其中的受害者。

我从朋友圈中认识约瑟，我们成为朋友后也被彼此吸引。对我而言，他看起来是个非常善良、有爱心的人，将会是个很好的父亲和顾家的好男人。过了好长一段时间，我们彼此相互更加了解，而我们对彼此的爱也越来越健康和纯洁。我们想要按照希伯来人的传统结婚，共同生活。

有天晚上，我正准备就寝，而有位天使向我显现。这位整身发光的白衣天使奇妙地出现在我房间里，这使我感到无比恐惧。这位天使对我所说的第一句话是：

亲爱的玛利亚，你在神眼中蒙大恩。神的旨意要你怀孕生子，这婴孩将把全人类从罪恶中拯救出来。你要称祂为耶稣。我亲爱的孩子，你是否愿意为你的天父让这事成就？

我当场愣住了，说不出话来。尽管天使向我显明如此大爱，它的声音如此平静，但我仍浑身颤抖。对我而言，这经历来得实在太突然，我从没想象过这起事件会发生在任何人身上，更何况是我。我呆坐在那里，一句话也说不出，而神的天使就在那里耐心地等待。它的举止是如此舒缓和充满慈爱，让我能够稍微平静下来，整理自己的思绪。

由于神的天使突然显现，我的思绪变得混乱不堪，脑海一片空白。过了一会儿，我双手没像一开始那么颤抖了，而我也平复了一些，但真的不多。从天使身上绽放的光芒如此明亮，我还以为人们会冲入我房内一探究竟，看看房内为何如此明亮。我还真的以为随时会有人闯入我房内。但没人出现，这让我感到害怕，因为只有我孤身一人。

我听见背影有着优美的音乐。我不知道这音乐从哪来但它渐渐地充满我的房间，再加上神的天使也在那里。如此的设定，让我觉得这也许真的是神的使者，而这位天使对我所说的和所要我做的也许也是真的。

又过了一会儿，我的脑海开始平息下来，我开始能够更清楚地思考自己目前的处境。虽然天使绽放耀眼光芒，但却不刺眼。它照亮了整间房子，而过了一会儿，我也开始享受这道光芒。那天使正对着我笑，我可以很清楚看见它的样貌，它是如此纯洁和光滑，让我更肯定它就是神的天使。

过后，我开始发现神的确询问我是否愿意怀有祂儿子，拯救全人类于罪恶。我对耶和华地信心向来都是如此刚强，而我也喜爱阅读摩西和先知们所写的书。每当我们想要阅读，我的家人们就会分享这些书卷。因此，随着时间推移，我相信天使所询问我的是千真万确的。我是否会接受耶和华的邀请，怀有的这孩子将全人类从罪恶中拯救出来。"是的，我愿意。"这一句话就在我的舌尖上，而当我真的要说出来时，它又停留了片刻。因为我知道我的生命将永远被改变，而这确实让我感到害怕。

我真的想与约瑟结婚。如今，一切都那么不踏实。我再思考了一段时间，而那位天使也微笑地看着我，我感觉到这位天使身上散发出的爱。天使告诉我，答应接受神的邀请是正确的。因此，我回应那位天使，说道："是的，我愿意"。那天使也接着说道："你是天父美丽的孩子，祂对你的决定感到无比喜悦。"

请不用担心约瑟，你的天父很快就会对他说话，而他也会明白发生在你身上的事。我亲爱的玛利亚，你是蒙大福的女子，尽管你将来将遭受苦难，但你已被神恩宠，祂必保守你的一生。我亲爱的孩子，请平静你的心，现在就寝吧。明天早晨当你醒来的时候，你会感到心神气爽和安心，因你知道你的未来会如何。"我现在回归你天父那里去并完成我的任务，因祂已知道你的答案，而且祂对此感到无比喜悦。愿神的荣耀和祝福长与你同在。"

天使穿过屋顶，升天去到我不知道的地方。亲爱的理查，这是当我被告知我将怀有一个名叫耶稣的婴孩的故事。

天使离开我们的万福圣母玛利亚

注意：这里出现的英文词句不完全正确，但这些都是圣母玛利亚所告诉我的话。我也竭尽所能将她所说的输入电脑的档案中。

当神的天使离开玛利亚后：

问题：亲爱的万福圣母玛利亚，请问您能否说一说，在天使离开您的房间后，接下来发生什么事？您何时将这件事告诉约瑟？他对此反应如何？如果这些问题太过隐私，我向您道歉，我不会再问这些问题了。这些问题有助于这本书的启示，但如果您拒绝，我再次表示尊重。

哦，我亲爱的孩子，谢谢你对我如此敬重和谅解，我不会像你隐瞒任何事，因你的心是纯洁的，而且你的目的是正确且已得着神的祝福。因此，我会告诉你一些紧接着发生的事情。

我在床边坐了很久，尝试搞清楚所发生的事。这件事的信息量对我来说实在是太大了，所以我花了一段较长的时间思考。我的思绪千头万绪，试图厘清所发生的事，但我很难理解一切。在我脑海中出现的问题是："为什么是我？"我的族群中有那么多忠心深爱全能神的女生，为什么神选召我执行这重大的任务？

我亲爱的理查，我对此完全不明白。我完全无法理解，也无法构思这一切如何联系在一起，我也为着我的未来感到十分害怕。尽管天使告诉我不需要惧怕，但我无法克制自己。我是如此惧怕，以致我差点呕吐。从这一点来看，这是个糟糕的经历。

但是，理查，我需要向你强调，我当时仍然充满荣耀，即便天使已离开，但我仍被最美丽和透彻的爱环绕着。我体验过家人朋友给予我的爱，但这天使的到来的经历超越我遗忘所经历的一切。我所感受到的感觉是如此欢欣、伟大、包容、温暖、柔软以及善解人意，我多希望我一生都可以活在其中。当天使离开后，这美好的感觉也渐渐褪去。我意识到这一点，并想尽力留住这感觉，但随着我的脑袋开始厘清事情，它也变得越来越弱。

夜晚的某一刻，我感到百般疲累，但一旦我躺下并想起所发生的事，我便开始为即将发生的事感到十分担心。即便神的天使已再三向我保证，但我仍感到十分害怕。我不知我几时睡着了，不知不觉已到了早晨。当我醒来时，我听见屋子里传来声响，表示我的家人们也醒来了，可能早餐也准备好了。当我离开我的房间时，我真的不知道我该说些什么和做些什么。

伊利莎白注意到我与前一天有着很大的差别。我不知道她说这话的意思。我告诉她，我感觉一般，但她坚持我跟平时很不一样。

我不想与她多谈，因为我觉得自己还在从前一晚的重大事件中恢复过来。我吃了些早餐后便去祷告了。

几天后，我找了约瑟并告诉他天使的事件。他以充满慈爱的眼神望着我，但他很在意人们会如何看待我。他认为我们不应该在这种状况下结婚。这实在伤透了我的心，因为我真的很爱约瑟。

不知哪一刻，另一位天使向约瑟显现并告诉他，我奉神的旨意怀有这婴孩，我没做错事，因为我还是个童贞女。过了一段时间，我们俩都意识到所发生的事的重要性。于是，我们便结婚了。亲爱的理查，我认为这是你想要知道的，我也想感谢你书写这本书以讲述我的故事。

以上内容由我们万福圣母玛利亚亲自向我显明的。亲爱的读者们，当万福圣母玛利亚向我讲述她的故事时，我无法向你们形容我所经历的无比喜乐和满足感。

圣母玛利亚——耶稣的降生

向我亲爱的圣母玛利亚提问：
我想仔细了解您在耶稣即将诞生时的旅途。为何您会在此状态下踏上旅途？此外，我亲爱的圣母，请形容您在我们的主与救主，神儿子和人类的救主，即拿撒勒人耶稣诞生时住处的状况。

哦，我亲爱的儿子，这有好多要说。就如你所建议的，我将从我们因皇帝进行人口普查的命令而踏上旅途那时刻开始说起。对我而言，那趟旅途是非常艰难和辛苦的。我很担心一路上的颠簸和摇晃会对我亲爱的孩子造成伤害。圣经也清楚记载，由于所有人都赶往自己的家乡，我们当时找不到落脚借宿的地方。

我们所遇到的人们都很善良且善解人意。有好多人在有限的时间内为我们提供了帮助。当时约瑟因为长途跋涉而感到非常疲惫，身体也很虚弱。一名旅馆老板告诉我们，旅馆对面有个坚固的谷仓，里头虽有好些动物，但里面仍有空间满足我们的需求。

当天晚上我们安顿下来后，我开始感觉自己快要分娩了。对我来说，因神的奇妙恩典，我并不像其他妇女一样感到如此疼痛。神对我们很好，一路上，他不允许任何骚动发生。如今神再次显明祂对我们的爱，尤其是我真的没经历万分恐怖的分娩之痛。我们的主与救主就如其他小孩一样，健康地诞生在这世界。

是的，我们当时在谷仓里，即是圣经中所记载的"马槽"。是的，里面到处都是为里头动物们所准备的干草。我们拥有足够的食物，约瑟在我们出发前已提前准备好了。此外，我们一路上也从那些同情并想要伸出援手的人们，以及旅馆老板那里获得了少许的食物。我知道倘若有空房，他们一定会给我们安排一间房间。他们对我们真的很善良且慷慨，也因为如此，他们蒙受祝福。

从我发现分娩开始直到我们的主耶稣降生，当中时间非常短暂。祂并不像其他小孩那样哭闹，祂十分满足地吸吮我的奶水，我们在祂周围放置麻袋和其他布料，让祂保暖。哦，我亲爱的理查，我第一次将祂抱在我怀里时，那是一段美好的回忆。当我望着祂那双小小的眼睛，而我心知这的确是神的儿子，也是神对全世界人类的怜悯，喜乐和开心的泪水顺着我的脸颊流了下来。我当时所感受到的喜悦和爱，仅次于多个月前天使向我显现的那一刻。

我的怀孕过程并不辛苦。我肚里的胎儿貌似已认识我了，很舒服地在我肚子里，祂并不像其他孕妇告诉我的那般，在子宫里乱动。祂在大约傍晚或凌晨之间降生。我儿，虽然我不觉得这细节有多重要，但我想让你获得完整的信息。在我们的孩子耶稣诞生后，一切都平静下来了，我们感到无比疲累，同时也感到无比欢喜和幸福，因此我们和小孩都睡着了。之后，我们在那里住了多几天，我和约瑟都不想带着刚出生的婴儿长途跋涉，让他暴露在来来往往的风险中。

你在神伟大创造中的生命目的

当耶稣还是个婴孩的时候,我怎么知道祂肚子饿了呢?就是当祂不停呜咽的时候。祂不曾真的大哭大闹。照顾小小耶稣是一件很美好的事,祂是许多母亲梦寐以求的孩子。

过了大约一个星期左右,我们从旅馆老板和路人那里收集了足够的食物。我们也觉得小小耶稣也足够强壮,能够允许我们往原本的目的地去。我亲爱的儿子,这就是全部的故事。除了三位身份尊贵的人士到访,他们告诉我们,他们跟随一颗星星,而那颗星星将他们领至耶稣降生的地方。他们每位都给我们带来了礼物,我们为此十分感激他们。他们给了我们什么礼物并不重要,但这些礼物都很有价值,皆出于他们对神深切的爱。为此,他们不惜万里迢迢来探访我们最美丽的孩子。

我不知道还有什么重要的事情要告诉你。除了以上的故事,剩下的就是我们的归途,以及我们在一路上遇到许多充满爱心的善心人士。我亲爱的儿子,谢谢你提出这些问题。我一直与你同在,且会永远与你同在。我爱你。

问题:我亲爱的万福圣母玛利亚,我希望我的要求没有太过分,我不想您为此感到厌烦。对于我所提问的问题,您都非常仁慈、温柔和善解人意。我们都知道,多马福音并不属于正统的圣经文献。然而,有时非正统圣经文献中也包含一些真理。我想直到您能否对这本书给予一些点评,里头的内容是否真实。如您拒绝,我会完全理解并尊重您的意愿。

哦,我亲爱的儿子,你说到了我的痛处。多马福音是在我们的主与救主耶稣基督离开甚久后,由一些修道士所写成的。他们从零碎的信息中获取写作素材,并大肆渲染。他们欲将我的儿子,耶稣,描绘成一个平凡的孩子,但祂拥有无法控制的魔法力量,从而导致做了许多糟糕的错事,违背了天父的旨意。我亲爱的儿子,那本书应被归类成垃圾,因为里头毫无真理可言。

在我的儿子升天之后,还有许多其他关于祂的著作,它们在不同程度上与多马书福音大同小异。我相信初代教会完成了一项伟大而出色的工作,即是找出关于我的儿子、你们的救世主的生平和教导的真实记载，同时摒弃凡是不属于我们天父所启示的记载。我感到非常高兴的是，今天在全世界流传的圣经非常贴切地反映了我儿子基督的时代、事件和教导。

这就是圣经，拥有那么多不同的语言，并且拥有那么多不同的表达方式，为要表达我们全能天父和耶稣的基要真理。亲爱的理查，谢谢你提出此问题。我知道你会将这些信息传达给许多基督徒，让人们能够吸取当中的真理，并将此真理应用于他们圣洁的生命中。

请问您还有什么其他的观点要告诉这本书的读者们吗？

我还有好多想说的话，但你的书会因此变成了百科全书。现在，我对你所写的内容感到十分满意，我知道你还打算写些什么。所以，除非你想到了其他问题，觉得可以补充我的故事或相关内容，否则请问我，我会亲自回答你。亲爱的理查，我爱你，因你为神儿女们所做的一切。

耶稣成为人

问题： 我亲爱的主与救主，我一生中从未想过我在世上会拥有这机会，向祢提问这问题。我的问题是，祢成为人类是个怎样的感觉？ 是的，基督徒们知道祢是完全的人，同时也是完全的神，并且在 2000 年前与我们同在。但身为三一神中的其中一位，祢被限制于成为世上人类是什么样的感受？

2022 年 9 月 9 日，下午 4 时 56 分
耶稣基督

我亲爱的儿子，这是我第一次被神儿女问及这类的问题。我亲爱的儿子，你在天父儿女中是特别的，而你还不知道等待着你的是怎样的神迹奇事。

话虽如此，我确实经历了所有的感官感受，肉兔上的感觉，以及身而为人在世上的情感感受。我大部分的能力，即我在三一神中

的无限能力并没有特意留给我。但那些存留在我身上的能力却是超乎常人所能想象的。

在你天父一瞬间创造了所有神儿女后，你和其余的神儿女们是与天父居住在天国的灵体，就如你书中所描绘的。我们知道，神为三一神中的独生子，我需要来到世上，以修补曾为天使的其中一位在未来对所有神儿女所做的一切损坏。这发生在遥远的从前，在世界被创造之前，也是自然界和灵界和谐共存之时。

这课题也在你书中被提及。你特意不记得一切三一神与神儿女们的伟大经历。在你还未来到这世界之前，这些记忆被从你脑海中被移除，但当你回到天国时，这些记忆将会归还予你。

身为一个在圣约瑟和万福圣母玛利亚珍照顾下成长的拿撒勒小孩，我确实经历过许多凡人所拥有的感受和体验，就像一个普通小孩一般。这情况也随着我长大而持续。然而，我内心深处，或如你所说的，我也同样具有神性的一面。对我而言，要我放弃一些事物是很困难的，例如：我凭意念就能创造的。孩童时代和成年时代的我都没有这能力，因为这对我拯救神儿女们的救恩计划来说是具灾难性的。

人类身体的限制让原本没有限制的无限强大的灵体存在感到非常痛苦。然而，这种经历对我而言是如此充实和充满爱。三一神之间的爱是无限的，而如今，我正在经历神儿女们在世上的的另一种爱。对我而言，这种经历在属性和程度上都完全不同。

我也第一次体验到了人类的情感，而我在从小孩转大人时也确实遇到了困难。然而，与此同时，通过与神儿女们相处，我对每个神儿女的爱也变得更加细腻，更加能够接受和理解每个不同的孩子在自然界中所能看到的事物。

在属灵国度里，为自己的生存和发展而承受的压力是闻所未闻的。经历了这些，大多数神儿女对彼此的爱和牺牲就更有意义了。通过爱为他人牺牲是一种无与伦比的美德，它让我和你们的天父以及圣灵对每一个神儿女都充满了成就感和爱。

通过神儿女的视角所获得的亲身经历是无法替代的，因为正是在他们的眼中，爱、宽恕、牺牲和信心在我们三一神中得到了最充分的体现。这是一种荣美辉煌的感觉，我觉得我所承受的一切痛苦都是值得的，因为我知道我将为三一神中的全能神的每一个神儿女开辟一条通往全能神的道路。

我亲爱的孩子，有关无限存在如何像你今天这样在世上经历着身体上的限制，我还有很多可以告诉你的。但是，我亲爱的孩子，请记住，因为你所做的一切，以及你在出生前所承诺和兑现的一切，当你在世上的使命完成时，你将享受到超乎你想象的奇事。

亲爱的主啊，感谢祢。祢对我问题的回答，实在是太美妙和令人感动的。我真的很爱祢，我知道祢会在我一生的年日继续与我同在。

你在神伟大创造中的生命目的

27

耶稣与祂属天信息的旅程

耶稣消失的岁月，祂究竟去了哪里以及做了什么。有关我们的主与救主受难前消失的岁月，众说纷纭。在这本书中，对于祂与团队做了什么、去了哪里和说了什么等等，我们对此有着 100%的摘录。当中他们面对了许多的挣扎和挑战，但他们成功在那段日子中存活下来。

2022 年 9 月 7 日
耶稣基督

亲爱的孩子，你对于我心里结构方面的想法基本上是正确的。我是唯一完全的神与完全的人。我的心理构成是神内心的一部分。亚里士多德、佛洛伊德等其他优秀的心理分析家都尝试对我进行分析，因为我拥有丰富的视角可以被分析。话虽如此，尽管他们如何竭尽所能对我进行分析，但结果都是不完整的。这是因为人类和神的心理都具有无尽的深度，因为它们不仅是三维的，还涵盖了第四、第五、第六维，甚至延伸至 X 轴之外。

因它是无尽的。是的，人类的心理既是如此，因为你们是如此被创造的。我亲爱的孩子，你远比自己所知的更为复杂。然而，很明显的，我们心灵深处有些空间需要被关爱，这样才不会有冲突，而是充满爱和喜悦。这些空间正是爱、喜乐以及你对天父、我和圣灵的赞叹的源头，而这些空间也会随着时间而越长越深。

它们会逐渐成熟，因为在这宇宙中没有一样事物是静止的，所有事物都会成长和成熟。这是我们所设计的。这就是为什么植物学家时不时会在荒芜的沙漠发现原不应该出现在该处的类似青苔的植物。它们都是如此特别。

天父的话语就如这青苔般，虽被栽植在沙漠中，但却在不同人，犹如酷热之处的心中成长。我所说的人们，他们的心都不是肥沃的好土地。这些人所处在的环境都很恶劣，他们都信仰着由人们所创造、带有世俗本质的外邦神明。这些都是恶劣的神明，如果你不听从它们的话，那你就会被杀害、折磨、截肢或被当作祭物被杀。此外，当中也有种种的放逐惩罚，你会被赶出部落，扔到沙漠里，几天之内就会因为缺水和干渴而饿死。

祂忠心的伙伴们

这些不同的部落都差别不大，都有着严谨的等级制度。这些部落都拥有一位首领和好几位副手负责不同的职务。接着是其他的副组长和完成其余工作的工人。首领都是家族世袭制，投选首领的概念是从所未闻的。

我对这些自负的部落首领的信息十分简单。我告诉他们关于一位伟大及强大的首领，他以星辰为居所。这伟大的的首领创造了这世界，也创造了群山和众水。

若他们提问，我告诉他们，祂也创造了人类。祂在很久以前便创造了我们。而祂差遣我来告诉大家祂非常爱所有人。我也告诉他们，祂不准大家伤害他人。伤害、残害、和杀害他人是极大的罪孽。星辰的伟大首领命令你们帮助他人，即便是你们的仇敌。因此，我悬浮在离地面约 10 英尺，向他们讲解十诫，他们需要看到一些能让他们记住的事物。

祂消失匿迹的年日，祂去了哪里，祂做了什么事

当我到其他的部落去，有些部落相对开明、聪明，也更成熟。我也因此与较为不同的方式与他们对话。我会像对希伯来人一样说话。然而，无论我到哪去，我一直觉得我需要悬浮在空中，好让他们能够记得我为悬浮之人，向他们传讲有位伟大的神住在星辰之中并向他们展示神的大能和良善。我吩咐各个部落的抄写员将我所说的话都记下来。每个部落都有各自的抄写员，因此我也竭尽所能留下一些书面文物。这也是极其重要的。

在我离开后，圣灵与每个部落同在。圣灵与每个部落的抄写员同在，并协助抄写员，确保他们所写的准确无误。没有什么比起获得圣灵的帮助更加美好。当有圣灵的帮助时，所写的一切绝不会出现错误。

在我的旅途中，有时也会遇见热爱我所传讲属天信息的人们。他们提问可否将这信息传扬至其他我没计划过去的地区。我准许他们这么做。过了一段时间，我会以某种方式跟随着他们的随行人员的去向。圣灵也会与我们同行，这是件多么美好的事。亲爱的孩子，请记住，圣灵无所不在。多元维度的空间对祂而言毫无问题。圣灵与我们同行，这是美好的祝福。这已不是第一次发生的事。多数人以为我是独自一人的，但其实除了我之外，还有另一位。这新组成的团队往北直上，而也在较后往东边去。

通常团队中有四至五位成员。我们通常穿戴防护装备防范雨天使得不时之需，包括肚子饿时有食物充饥。我们也有让我们这四至五人的小团队保暖的工具。是的，我是神，我能够自我供应，但但不做这种事是恰当的。

人们不知道那位北上之人以及他离开我们这群人的故事。因此，人们甚至不知道我们的旅程。他们所知道的是我忽然间消失了 20 年并在我重新进入耶路撒冷的时候再次现身。我想说的是，在我们这次旅行中，有一个人脱离了我们的队伍，他向许多人传扬了创造万物（无论看得见与否）以及我们每一个人的神以及祂非常爱我们。

在这旅途的人们需要认识他们的天父，好让他们停止敬拜外邦人的神明和偶像，它们皆是虚假的，无法给人们带来任何的益处。他们之所以如此行完全是出于无知。他们需要敬拜独一无二的真神。天堂里由一位真正的天父。这些人是无知的，而我们需要将他们从无知中释放出来。

我亲爱的孩子，接下来我也开启了福音的旅程。当时我年仅 13 岁。这事发生在我在圣殿前讲道后。你已经知道我对我希伯来人的朋友们所说的话。我的话语都被记载在旧约圣经中。之后，圣经就不再记载我的行踪，反而沉默了。对我去了哪里这一课题，引起了许多揣测。我离开耶路撒冷，展开了一段很长的布道之旅，传讲关于天父、十诫以及圣经中的道德伦理。在圣经的一些书信中，你会发现后两者的内容。此内容与摩西所颁布的十诫不相同。

我现在想要讲述关于他的故事。他的名字是班吉，是个非常有趣的人。他想要他的团队一路向北，将神的话语和他所听见关于神的事传讲给北方的人们。于是，他想到一个办法。他左边是一片汪洋大海，当他的旅途结束时，他可以向左转并顺着大海的方向返回耶路撒冷。当中可能需要一些时间，但如此行会降低风险。他非常聪明，而他确实能够以这种方式再次回到家园。

每当他传讲神的话语时，他就越发相信神的话语。这是因为他脑海里的碎片拼接得越来越好。他想明白了一切，并相信了完整的福音。我能够从他眼里看见他的脑袋正在运作，这对我而言是个美好的景象。他打从内心是个善良的人。我在耶路撒冷见过他一次，他北方的宣教使命进行得非常成功。这是发生在我受难前几天。他比我早几个月回到耶路撒冷。我在天堂等着他的到来。

你也可以称班吉为天父的第一位宣教士。事实上，我说他就是那第一位宣教士。他传讲的信息非常基本，那是我个人所赐予他的。人们回应他的信息是因为他的品格、爱心以及他服侍人们时所抱有的态度，即纯粹享受他手所做的一切的态度。他是个伟大的人，也是个要好的朋友。我打从心底开心地迎接他进入天堂的大门。

如今，我相信这是关于我离开圣经所记载的生活后去了哪里的故事的结束。现在，圣经中所记载着关于我的生命故事开始。

你在神伟大创造中的生命目的

28

耶稣抵达耶路撒冷与受难

这部分讲述耶稣即将进入耶稣撒冷的前一刻直到祂从坟墓中复活后到祂门徒那里去的事迹。在我们神圣的圣经中，这部分既是整个基督教教义的核心。如果这些事件没有发生，尤其是耶稣从死里复活的事件，所有基督教所相信的都会崩塌瓦解。这些事迹已被记录在许多书籍和读物中。你们即将阅读到的是全能的神所想要强调的内部评论和信息，这些事件确实发生了，因而能够刚强你灵命的健康，并赐予你能力与鼓舞你的信心。

2022 年 9 月 9 日，上午 10 时 43 分
耶稣基督

自年少时，我已知道自己在世上的人生轨迹。亲爱的孩子，我和你一样，都是我们圣天父的使者。我清楚知道，由于当时的宗教领袖们拒绝接受神给予祂百姓的真理，而最终将导致我被他们杀害。就像许多孩子一样，他们被自己先入为主的观念紧紧束缚着，他们自行定义神是什么，神又不是什么。

希伯来人经历了好多世代，他们等候弥赛亚多时，期待弥赛亚降临并释放他们于马帝国的暴政统治。他们以为弥赛亚会以一位伟大属灵领袖和军事大腕的形式出现，激励人们奋起反抗，摧毁包围他们的罗马军团。这将涉及无数大规模的杀戮。

这肯定不是天父以及我所要的。我为他们带来平安，并教导他们这世界并非他们真实的归属，天国才是他们最终的归属。我屡次告诉他们，凡是信我的，必不至灭亡，反得永生。许多人一位这表示他们将在这世上长命百岁，但这想法明显是错误的。永恒的生命意味着他们将居住在天父所在的天国，而且他们将永远活在平安、和谐、拥有无尽的喜乐和爱围绕着他们。

我不是战争的使者。我是希伯来人以及全世界福音的使者。这与他们对弥赛亚的先入之见完全背道而驰。我是完全的相反面。我即是人子，也是神儿子。我即是完全的人，也是完全的神。我是建立桥梁的那一位，我是天国的入口，我是与天父、天国与世上神儿女们的神圣连结。这是宗教领袖们拒绝接受的事实。他们之所以拒绝我，也是因为嫉妒，他们感觉到他们的宗教和政治权力在希伯来人的社会结构中被削弱了，因为这与罗马占领者息息相关。

因此，我知道一旦我最后一次进入耶路撒冷，犹太公会将以不正当的方式获得罗马政权（因政治缘由决定不插手）的支持而将我处死。

当我抵达耶路撒冷，我选择骑着一只驴驹进入城门。军人骑的是马只，而我选择驴驹是因为我是全人类和平与爱的使者。对我而言，被那么多神儿女们迎接的感受真是妙不可言。因他们思想纯真、心中充满爱，并时刻仰望他们的天父。

然而，犹太公会的成员却以对属世虚荣的追求、政治权利取代了希伯来人单纯老实的心思意念以便能够控制他们。正是这种追求政治权力凌驾于神儿女之上的欲望和心态，与恶者撒旦所宣扬的如出一辙。

我抵达耶路撒冷后所说的话和所做的事几乎都应验了预言和经上所写的，这些均是为了希伯来人的益处。我内心深知我在世上的使命即将完成。让我感到沮丧的是，许多人不理解我从天父那里向他们所传讲属天的信息。尽管我告诉了他们来自天父的慈爱信息，但许多人仍然不信，他们反而相信我马上就会成为能够为他们的利益与罗马人对抗的军事征服者。似乎几乎每个人都完全误解了我的身份和目的。

我亲爱的孩子，我对使徒们也感到失望。尽管我知道在未来事情会如何演变，但我属血气的一面既然感到烦躁和失望。是的，真的感到失望。我曾希望，他们内心深处的理解远比他们表面上表现出来的要深刻得多。理查，我亲爱的儿子，你已经十分详细、真实地理解了我当时所传讲的信息，如今依然如此。我的使命就如圣经中所说的那样。我就是道路、真理和生命。除了我，没有人能到天父那里去。

自亚当和夏娃后，所有神儿女因承受了亚当夏娃两位祖先的罪孽而与神隔绝。我的使命不仅是向神儿女们传讲天堂长什么样、如何到父那里去以及遵守行为规则以重获天父的祝福。我的使命乃是将天国的真理传讲给那些愿意聆听的人。

与此同时，同样重要的是，神儿女与神之间仍然存在着裂隙。这裂隙存在于灵界之中。请记住，几乎所有受造物都在灵界，而不是自然界中。神儿女们需要自然界，好让处在世上的神儿女们获得机会来证明他们能够重新获得亚当夏娃所失去的属灵祝福。此外，他们也能够证明他们得以抵御前身为晨星路西弗、现则名为恶者撒旦所带来的邪恶和凄惨。

因此，我先传讲好消息，即是福音。其次，我之所以不为大多数人所知，是因为我既是完全的神，同时又是完全的人。亲爱的孩子，在我里面曾存在、正存在和一直存在着最重要的桥梁，即是全能神的儿女们与天国之间属灵和情绪的桥梁。藉着相信我和我所传讲的信息并活出来，向他们本身、全世界和天父证明他们配得与天父在天国重聚，这桥梁便得以连接

可悲的是，只有少数人能够做到此举，这是因为<u>恶者撒旦迎合了他们自私、贪婪的低级本能，以及所有人类从亚当和夏娃开始世代相传，即通过该隐杀害亚伯的行为中可怕地体现出来的倾向和弱点。</u>

许多神儿女无法回到天父的天国去，这是因为恶者撒旦全年无休作恶，以各种方式慢慢地神所赐予祂儿女们与生俱来的天性。疏忽大意的父母，也就是你们现在所说的世俗父母，很容易在孩子年幼时犯下许多忽视或残忍对待他们的罪过。这对他们的孩子造成了终生的伤害，而这种伤害又会使后来的父母产生更多的负面冲动和情绪，影响到下一代无辜的孩子。

理查，我亲爱的孩子，我知道你在成长过程中曾经经历过这些悲惨的经历。你花了六年的时间努力摆脱父母对你造成的伤害。我亲爱的孩子，你的辅导员曾告诉你，你拥有你家人断开的锁链。你的孩子们比以前的你好太多了。

我深切渴望神儿女们都追随你在世上时的榜样。但我亲爱的孩子，我所知道的远超乎这一切。全能的神可以直接命令每个人都以圣洁和神圣的方式待人处事。但这永远不会发生，因为这违反了天父赐予所有儿女的所有礼物中坚如磐石的特性之一，即是完全自由意志这份恩赐。正是这样，那些热爱三一神的人们才会以自己的自由意志和选择如此行。

这是我们三一神的渴望。这与恶者撒旦和其爪牙阴险丑恶的伎俩、统治和控制完全相反。若你想在世间分辨谁是行走在三一神的爱、和平和满足中，你只需要观察他们的行为，你就可以瞬间发现他们的命定究竟是在天国或是解体消融的虚无地狱。

让我们将课题转回到我荣美的使徒们身上，有那么一瞬间，我属血气的那一面非常担心我的信息能否在未来的后代中得以延续。但很快的，我属天的那一面知道，这事永远不会发生，因为我的信息将会被后人牢牢记住。而因为如此，我即将到来的受难将永远成功。

话虽如此，即便我的使徒们与我相处了三年多的时光，他们为未能完全理解我的教导、医治服事和我所传达给他们的信息。我告诉门徒们超过三次，就如经上所写，我即将受难以应验经上所说的。即便我已告诉他们，但他们多数摇头，不想要此事发生。

你在神伟大创造中的生命目的

当我抵达耶路撒冷的城门时，好多人很开心见到我，他们在用棕榈叶为我铺路后，向我抛掷花朵以及祝贺。即便知道眼前即将发生的事，这对于我而言仍然是个美好的经历。隔天，我到圣殿去祷告，但我发现圣殿竟变成了市集，尤其是兑换钱币的人最为冒犯我们的天父。那里有好几个罗马卫兵以及法利赛人的线人，犹太公会正监视我对人们、兑换钱币的人以及其余商人所做的事。他们没阻止我，因为双方都不想引起冲突。

当天傍晚，我、门徒们和一群忠心的朋友安排在客西马尼园的日落后一起享用晚餐。也就在那时，我知道12位门徒中的其中一位将会出卖我，并把我交到犹太公会手中。在我们的最后一顿晚餐中，其中一位门徒——犹大，将会悄悄溜走并通知犹太公会的线人我当晚所在之处。他将他们带到我面前并以一个亲吻把我给出卖了。这些事件都详细地记录在你们的新约圣经中。

你在神伟大创造中的生命目的

29

十架受难

后来在深夜里,我被犹太公会的会员们审问。显然,他们正用尽一切方式诱使我说出一些足以让他们置我于死地的把柄。他们薄弱的脑袋正绞尽脑汁,尝试以各种角度捏造一切,好以谴责我。他们甚至盘问我是否缴纳人头税。若我说我有纳税,那人们就会说我不是弥赛亚。若我说我没交税,那我便间接承认我对罗马政府犯下叛国罪。

当约瑟夫问我该问题时,我可以感受到他们内心是很开心的。因此,我告诉他们既然硬币上有凯撒的脸,那就将属于凯撒的归还给凯撒。此外,将属于神的归还于神。

他们因这事对我大发雷霆,便把我转交希律王,让他将我处死。

但是,希律王审问了我后,也找不着我犯下任何错。经过这一连串犹如马戏团的闹剧后,犹太公会的成员们以虚假的指控煽动民意,导致民众开始反对并攻击我。他们开始高喊"钉他十字架!钉他十字架!"的口号。另一方面,希律王并不愿意让自己的手沾到我的血。是的,他的确用一盆水洗手,此举显示他对坚决要置我于死地的法利赛人及犹太公会嗤之以鼻。

后来,彼拉多也做了我使徒们在新约圣经中所记载的举动。由于假日即将来临,那群疯狂的民众选择释放罪犯巴拉巴。当时为了维持某种程度上的公平,他就做出了如此举动。我被转交给罗马士兵们，他们虐打折磨我并将我关在牢狱内直到隔天清晨。我被无情鞭打，头上的荆棘冠冕并不是被戴上的，而是被硬生生套上去的。在这一刻，我身体的每个部分都在流血，当时的疼痛感是言语无法形容的。最糟的是人们对我的嘲笑和唾沫。

我被命令将十字架拖上处刑的山丘上。在那山丘上已有两人被挂在十字架上。接下来所发生的事都记载在四本福音书中。亲爱的儿子，就如我曾告诉你的，我在十字架上长达 3.8 个小时。在那段时刻，肉体的疼痛感已不再加剧。相反，随着时间的推移，这种情况似乎在逐渐减弱。我们三一神创造人体，其中一个祝福就是它作为一个容许神儿女们选择与我们在天国共享永恒的器皿。我知道你已记载在你正书写的美丽作品中。

在十字架上的最后一个多小时中，我的意识是时有时无的。我的视线逐渐模糊，我无法像先前一样看见我周围的人们。万福玛丽亚、抹大拉的马利亚和其余的人们都在我附近。我没看见我的门徒们，这是因为他们因所发生的事而深感惧怕。

整个过程最痛苦的莫过于天父掩面不看我，我里头感受不到祂的同在。为了能够理解感受不到全能天父的这份痛苦，我向大家提供以下想法。在三一神中，我们三位在我们存在的每个细节都是紧密相连的。没有任何事件是只牵涉三位中的其中一位。与此同时，当我们彼此相互探索的时候，我们会得着满足的喜乐、爱与无尽欢乐。亲爱的儿子，我曾在你书中的其中一部分提及这件事。庆幸的是，失去天父同在的糟糕经历只维持不久。很快的，我便离开我的肉体升天了。在我十字架附近的人们都看不见此事如何发生。但在我离去前，我说了："成了！"。事情也因此成就。

因此，我成功与天父和祂在世上的众儿女们重新连接。如今就轮到每个神儿女决定，是否回到天国，并与三一神（尤其是天父）共享永生。

这就是人类历史中最伟大的事件的结束和神儿女们最灿烂和充满爱的故事的开启。

你在神伟大创造中的生命目的

因此,这就是我们针对人类历史上最伟大的事件讨论的结束,即我们的主与救主耶稣基督的诞生、生命、死亡和升天。始终记住,拿撒勒人耶稣在祂在世的时候成为了耶稣基督。借着成为基督,祂为你我重新建立了通往天父的道路。我们也得记得,在我们来到世间以决定我们用永恒的归属前,我们曾在天父的国度中度过了无数的时光。若不是晨星路西弗背叛三一神的自由意志以及亚当夏娃糟糕的选择,我们永远没必要做这个决定。我们慈爱的天父创造了天上的星辰、脚下的大地,以及我们独一无二的肉体,三者皆完美契合,让我们能够选择与天父和三一神共度无尽光阴。奉耶稣的名,阿们。

你在神伟大创造中的生命目的

30

补充评论

正如天父所说，我是祂所恩膏的信使，如果我在完成这本神学作品前不做补充评论，那将是我的疏忽。附上评论的举动非常适合，以帮助你进一步了解刚刚阅读的材料，以此获得更多真实的领悟和学习，而这就是我现在将要做的.

耶稣基督十架上的受难

请原谅我，如果我告诉你们，其实我并不想书写这一章节。这是因为我被罗马士兵们对我们的主与救主所做的种种感到痛心疾首。就我而言，如果给予机会，我会亲自将犹太公会的成员们一个个处刑，将他们不堪入目的隐私部位高挂在横梁上。是的，我知道在这本精美的神学著作中，这是个不恰当的句子。但是，我们正在书中描写丑恶现实的部分，所以有时我就会放纵自己的动物本能，于是就有了这些内容。

多年前，我特地避开不看梅尔·吉布森的恐怖、暴力的《耶稣受难记》。其他看过这部电影的人告诉我，电影对基督受难的描写细致而暴力。

我很庆幸自己没看这部电影。我的基督属灵导师不得不去看这部电影，因为她的其他客户都看了。 她详细描述了梅尔·吉布森采用了血腥可怕的呈现手法，以放大我们的主与救主耶稣基督的血肉被撕下时的痛苦。吉布森直到美国群众偏爱血腥桥段出现在电影里，因此他尽可能地满足他们对鲜血的欲望和口味。

20世纪50年代对耶稣宝血的理解

这一切都让我回想起在圣克拉拉大学二年级的神学课上，耶稣会教授一直在强调一个事实：我们得蒙宽恕皆因"宝血、宝血、宝血、宝血"！我用不会忘记那位天主教神父的姓名，安多里神父。如果有任何神父能够有效地驱使人远离天主教信仰，那肯定是这个人了。我很庆幸在圣克拉拉大学读本科时，我只需要忍受五个季度的神学课程，这样我就不需忍受像这个人这样的耶稣会士了。

如今，如果你需要一个有关于神迹的例子，你肯定可以用我作为例子。我被迫在伊利诺伊州芝加哥市的圣塔西斯教会学校上了五年学，在那里，我受到了修女们非常恶劣、刻薄和残忍的对待，她们是在第二次世界大战败给了我们的父母后直接从德国引进的。当时是1953年，德国是在1945年败下阵的，距离当时只有8年，所以她们脑海中憎恨的回忆还记忆犹新，她们坚决要从击败他们军队的兵士的孩子们身上复仇。

但是，在所有全能的神所吩咐我做的，我被吩咐要把这部分给写下来。因此，我会如此行。此外，我知道如果我不把它写下来，我就无法完成这本书。在此书的其他部分中，我将提供大量很有帮助且与圣经记载一致并符合历史的详细信息。这是当然的，因为你将要阅读的信息源自于我们慈爱的全能天父。你所将要阅读的内容将比新约圣经中所记载的来的更加详细。

为什么耶稣的受难会发生

神独生子，耶稣基督，被钉在十字架上，这是人类历史上的一起关键事件。这起事件为神儿女们回归全能神的开辟了最后一段道路。神创造灵界和自然界，两者皆与祂儿女们的身体构造完美契合。简单而言，神儿女们所拥有的身体涵盖了完整的属灵和物理功能。这课题在书中的另一个部分有提及。耶稣曾是、如今也是，我们人类与天国的桥梁。始终记住耶稣基督曾告诉我们的："若不藉着我，没有人能够到父那里去"。"我是道路、真理和生命"。这些都是充满能力的话语。

始终记住，耶稣基督是完全的人，同时也是完全的神。耶稣与神儿女们以同样方式降世为人。但祂的降生并没带着亚当夏娃因吃了分别善恶树上的果实而犯下的原罪。此外，耶稣是完全属天的，更准确地说，祂是完全的神。记住，耶稣是完全的神并创造了这宇宙。

你在神伟大创造中的生命目的

如今在神独生子里头，耶稣提供了全能神与祂儿女们的桥梁或羁绊。这是因为耶稣同时皆是神和人。通过祂，那在好久以前原属亚当夏娃支离破碎的神与人之间的桥梁得以重新修复。

亚当夏娃所犯下的罪是要受到惩罚并付上代价的。在希伯来人的社会中，人们献上小动物作为祭品来赎罪。根据这悠久的传统，我们的主与救主耶稣基督被称为献祭的羔羊。这是因为祂容许自己牺牲在十字架上。因此，全能神与祂儿女们可以与三一神重新和好并重新得着与天父在乐园共度永恒的机会。所有神儿女们所需要做的就是遵守摩西世代所颁布的十诫并接受我们的主与救主耶稣基督与祂所成就的。如今，神儿女们可以选择通过爱父神、相信耶稣基督及在世上遵守祂的诫命而回归于祂。

我们的天父创造了灵界和自然界，两者皆是为神儿女们属灵和肉体的需求而完美调和的。我们的主与救主耶稣基督基本上做了两件事。祂与使徒们建立了基督教会以将好消息传扬至全世界。祂也死在十架上，从此创造了神儿女们与天国坚不可摧的属灵羁绊。亲爱的基督徒们，始终记住，以上我所解释的只有一个目的。

那就是救赎神儿女们好让他们得以回归于祂，并在天国与圣父、圣子和圣灵同在。他们将与祂们一同在他们所无法想象的乐园里。但若不是耶稣基督牺牲在十架上并在三天后复活，这回归天国的道路不可能形成。

你在神伟大创造中的生命目的

31

耶稣基督的升天

我亲爱的主耶稣，我无法相信我把这部分留到书的结尾。这是我们荣美辉煌的基督教教义中最重要的一环。但另一方面，也可以说这是所有创造中最重要的顶峰。所以，我亲爱的主耶稣，祈求祢告诉祢儿女们，祢心中所感受到的重要信息，尤其是关于祢的死亡、复活，以及回归到我们在天父那里的事迹。先为着祢所要告诉我们的一切感谢祢。

根据传统，我们的主与救主耶稣基督的受难落在受难星期五，而祂的复活则是落在复活星期日，这些资讯是错误的。这是显而易见的，因为根据传统，耶稣基督的遗体被放置在坟墓里三天三夜，但星期五至星期日只有两天之久。即使只是粗略的检查也表明这个情况错得可怕。

我亲爱的主与救主：祢在三天前被钉在十架上，然后祢往天父那里去，而接着祢回到世上重新与祢使徒们团聚。对祢而言，这可是个极其糟糕的转折啊。

耶稣的个人评论

当我的使徒们躲藏在的二楼时，我在室内显现。那是他们因惧怕罗马士兵的聚集点，因为他们以为罗马士兵正寻找他们。对他们来说（与他们同在的女人们也是如此），那是一段糟糕的时刻。我无法责怪他们，因为当时我刚被处死五天，而我的遗体也不见了。他们正计划着逃离该地，因为他们不知道能做些什么或能到哪里去。他们当时是高度惊慌失措的，我不怪他们。他们所相信的一切都被毁于一旦。

所有的门都锁上了，他们之前还要求信得过的人守住楼梯入口，并告诉他们楼上正在举行一个具政治性的会议。当我显现时，桌上还摆放着一些食物，而室内也因我身上自带的湛蓝色光芒而明亮起来。所有人顿时鸦雀无声，他们都害怕极了。他们完全惊呆了，根本不知道那到底是不是我。过了几秒钟后，我说道："愿你们平安，是我。"

我伸出双手，他们可清楚看见受伤的钉痕。是的，我亲爱的朋友们，我已经复活了，就如我之前所说那样。谁也没动，他们如被定在一处般。我也觉得没人敢呼吸。我告诉十二使徒千万别忘了呼吸，别在我面前晕倒，请深呼吸。是我，你的老师。是我，耶稣。我告诉过你们我会从死里复活，如今我做到了。我再次与你们同在。我现在就和你们在一起。大家依然谁都不说话。因此，我坐在他们身前的椅子上，然后我继续伸出双手，并微笑地看着他们。他们仍然惊呆了，不敢说任何一句话。

然后，我告诉他们所发生的事。第三天，我从死里复活，应验了经上所说的。接着，我也应验了经上所说的，即与你们——我的

门徒们同在。我以肉身出现在这里，过了一会儿，他们开始说话，并记起了我是谁。

过后，他们开始敢碰我和与我交谈。约翰是第一个与我说话的人。他伸出手来，我说，把你的手指穿过我的手掌。他见到他的手指从手掌的一面穿过至另一面，巴多罗买也看见了。过了几分钟，所有人都尝试碰了我的钉痕，唯独多马。他说他不相信，除非他把手放入我的手掌，而他也确实如此行。他说，亲爱的耶稣，祢是我的救主。过后，他就相信了。

与耶稣的晚餐：就在那时候我告诉群众我饿了并向他们要了食物。他们那里有一些蔬菜、面包和鱼。我以为食物应该会很可口，因为我告诉他们我已经六天没进食了。他们当中有几位觉得很好笑，于是就笑了起来。我也笑了，因为这确实好笑。他们也给我带来了深红色的葡萄酒。我又告诉他们一则笑话。我说我在想自己会不会漏了出来，所有人都笑开来了。而答案是，不，我没漏出任何的液体。

坦白说，我亲爱的孩子，直到如今我还搞不懂为什么没有液体从我身上漏出来。谁都没想过。食物真的好吃，是我吃过味道最十足的食物。家常便饭居然能够如此好吃，真是好笑。在和大家吃过饭后，我告诉他们天堂时如此美好，我也告诉他们会享受天堂，那是个超越他们所有想象的地方。当中有很多人有多期待他们的到来，等待他们所爱的人离开人世。但在他们能够在天堂与至亲们相见前，他们仍有许多事要做。当大家向我询问时，我告诉他们我只会和他们小聚一会，然后我就会升天回到天堂，与我的天父团聚。

使徒们不喜欢这个主意，但我告诉了他们原因，他们也就理解了。晚餐后，我们需要为未来计划。我们十二位都知道我们即将分道扬镳，以小团队的形式往不同的方向去传扬福音。我们需要在向世界传扬的信息的关键要素上达成一致。

我们需要将我所行过的神迹奇事以及我为病人们所行的医治都整合起来。我们需要以大有能力的方式呈现这些事迹。此外，我也需要确定使徒们都赐予能力做我所做的,好让他们能在各方面,其中包括医治和神迹奇事上,成为我的见证人。这是极其重要的。这些事物都需要点时间好让一切都显得完美,就如他们的天父如此完美。在预备的过程中充满了无穷的喜乐和满足。每一个小团队将会由四至五个人组成。

此外,门徒们都需要知道我所知晓的,好让他们能够回答人们所提出的问题。这对使徒们来说应该是最艰难的。很明显的,他们无法知道我所知晓的一切,于是我们便将我的思想放置在门徒的脑海中。意思是,若他们遇到他们不知道如何回答的问题,我会察觉到他们的困境而为他们提供所需的答案。现今,你会将其称之为互联网。

我们的另一个长期的挑战是大家持续的保持远距离沟通。这是一项严峻的挑战。我们很想知道其他人的动向。因此,我们设计了一个系统。每隔几个月,我们就会差派信使将书信送回耶路撒冷,从中说明我们的状况和动态,并借此请求提供所需的事物与援助。我们也想知道其他人的动态,以及哪些事物对他们行得通与否。根据不同的季节,步行的话需要三至六个月,骑驴子则需要两至四个月的时间。

耶稣升天

经过了一段时间,我在世上的工作已完成。十二使徒已经预备好出发开始进行宣教,而我也觉得他们已蓄势而发。也就在那个时候,我们聚集在一处,当时大家虽无比喜乐,但当中也参杂着一丝的悲伤,因为这是我们最后一次能够如此聚集在一起。

我们下一次再相聚将会是再天堂,全地的至圣之处,当中充满着超越人们想象的喜乐和欢乐。就在那时刻,在人们亲眼见证下,我带着对

你在神伟大创造中的生命目的

使徒们的爱以及所有人对我的爱升天了。当天堂门敞开时,天使们围绕着我。我们就越升越高,一直到人们再也看不见我们。

我的使命已完成,但请记住,我会一直与爱我的人们同在,我必不撇下他们。我爱你们。

你在神伟大创造中的生命目的

32

炼狱

我相信几乎每个基督徒都曾听过一个被称为"炼狱"的所在之处。多数人相信它是信徒去世后的一个暂时的惩处之地,让他们在被允许进入天国之前清除最后的罪孽残余。这暂时惩处的概念源自于天主教的教义。问题是,炼狱这个概念并不来自于圣经。耶稣基督或初期教会并没有教导关于炼狱这回事。无论是旧约圣经或新约圣经都找不到有关"炼狱"一词。它也不曾出现在圣经文献中。

早在佛罗伦萨大公会议(公元 1431 - 1449 年)上,罗马天主教会就首次提出了这一教义。但是!这教导是出于人为的教义,也就是所谓在新约圣经中被标签为 "人的传统"一词 (马可福音 7:8, 歌罗西书 2:8). 马可福音 7:8 8

作为一个拥有神学和教牧事工硕士学位的人,我很容易对这种所谓的教导或教义提出质疑。原因很简单。如果基督徒在世时悔改并得到宽恕,就不可能有持续和挥之不去的罪债。神的宽恕是完全且永久的。

如许多其余的教义一样,这教义的宣扬最终掩盖了圣经中的宝贵真理。全能的神并没有把"净化"作为祂的创造计划(让祂儿女们回到永恒天堂)的一部分。

因此,若神已饶恕了你,你的灵魂就不会有瑕疵渣滓。宽恕通过忏悔和祷告被赐予。请把"炼狱"忘了吧,为着神爱你超乎你的想象这一真理继续感到喜乐和欢畅吧!

你在神伟大创造中的生命目的

33

进入属天的国度

诗意视角

  我们的新家，神儿女们成功了

获得宽恕的人们将通往天国之门进入属天的国度
神渴望所有儿女都成功，以便与祂一同进入乐园，
永远与天父在一起。荣美辉煌的天境，令人欢喜舒畅，
活在永恒时光中，享受无尽的喜乐和欢欣
神在祂国度里。爱、密切的知识、自由和有趣的城市
我们必然活在无尽的爱中
与圣父、圣子、圣灵，三一神同在。
精彩的事物正等着你、我和所有人。
致通过世上试验的神儿女们，
我们的永恒命定是满足与喜乐所构建！
我们将活在天国和神真理中
神儿女们彼此相爱，如同一个充满爱的族群。
如今宁愿拥有祂的平安和爱，并在充实的工作中体验乐趣，
这比任何乐趣都更加有趣。

你我笑容满溢，经常与三一神交谈甚欢
但你必须决定该如何活出你的生命，
遵循神的旨意，居住祂里面
若你步入神圣的窄门，
爱将流向拥有宽恕之心的人们。
我们的天父所看的是真爱与忠心，
朋友永不分离
如今我的任务已完成，即将生命带给拥有思捷（Esprit）的人们

我愿成为仆人，拥抱祂神圣的旨意并传扬好消息。

你在神伟大创造中的生命目的

歌颂神的爱歌。祂儿女们顺着祂旋律翩翩起舞。
我温柔地白白赐予想要听见、看见与爱至永恒的人们。
认识并经历神的真爱与圣洁的道德。
走窄路是少数人的选择,
愈接近目标,他们愈欢喜歌唱
俯身进入天堂门。
紧紧抓住神,祂必引导你走天路。

你在神伟大创造中的生命目的

34

人死后会发生什么事？

我亲爱的天主，我想知道当成人死后，他们在进入灵界时，会发生什么事。我亲爱的主与救主，在这本书中，有一张人站在岔路口前的照片。很简单，决定就在眼前。你是否活出爱、以他人为先、帮助他人活得更快乐，或是选择另一条邪恶、视自己为先的道路？真的就是如此简单。一条路指向天堂永恒的祝福，另一条路则指向地狱。

这个时刻与基督教中对所有人的大审判有何关联？

死后，所有人都进入灵界

2022 年 11 月 27 日
耶稣基督

我亲爱的儿子，人们在死后的确会被护送至灵界。在这里，他们会被展示他们一生的好坏。我和天使们会与他们一起在那里。这些事都在充满爱的氛围中进行。没有相互指责、没有埋怨、没有丝毫的愤怒，我们所能感受到的尽是纯爱。

当我们向他们展示他们生活的所有细节，并展示他们对待他人表现出爱和关心的情况，与他们剥削他人、伤害他人、策划对抗他人、谋杀他人、欺骗以及其他针对全能神儿女们的令人发指的罪行。他们可以感受到天使和我的爱，他们可以亲眼看到自己在感受爱时的反应。

进行人生的回顾

你在神伟大创造中的生命目的

2022 年 10 月 14 日
耶稣基督

他们在爱的氛围中回顾一生，但可悲的是，大多数人无法直视他们的所作所为。对他们而言，在爱中回顾自己所做的种种行为是非常可怕的。这将使他们对比出一个神儿女理应在拥有自由意志的情况下如何过他们所得到的生命，与他们实际过的生活有何不同。他们究竟是祝福了其他神儿女们的生命，以多种方式爱护他们，还是帮助毁灭并给予神儿女们极大的伤害和悲伤。

在这充满爱的时刻，他们有机会理解到，在拥有自由意志的情况下，他们在三一神内以及他们全能天父在世上制定的律法下，究竟远离了我们有多远。

在审视他们的生命过程中，会有一个时刻，他们意识到单单根据他们在一生中所做的事情，他们非常不适合、不配进入天堂的大门。他们发现若他们不进入天堂，他们将能够继续活出他们在世上的种种行为。他们将于各种不同犯罪程度的人们在一起，而这些人会接受他们原本的样子。某种程度上来说，他们会觉得他们更加自由，因为他们可以为所欲为，他们可以掳掠、欺诈、偷窃及做其他恶事而不需要像在世时被惩罚。对于那些将自己的自由意志扭曲成寻求在撒旦之地中主宰他人的人来说，这何尝不是个绝佳的机会。

有些人注定会到无法逃离的地狱去
然而，到了某个时候，他们就会意识到，他们无法被自己的所作所为满足。没有满足感、没有爱、没有成就感。他们的存在成为了比他们的梦魇更可怕的事物。那时候，他们会发现他们已经无法改善，也无法脱离自身的处境。

过了一阵子，他们会发觉自己开始逐渐分化。这是因为神制定了熵变定律。这是一种不断增加的随机混乱和分离，最终蒸发至虚无的过程。这时候，他们无法逃脱的命定才会真正降临到他们头上。只要他们还能思考和自我意识，熵就会以越来越快的速度摧毁他们。这个过程将持续，直到消耗殆尽，最终只剩下虚无。

你在神伟大创造中的生命目的

我已在此书中多次讨论到耶稣所提及的熵的定律。我再重复一遍，这是对封闭空间内随机性和混沌性的衡量。这就是它的科学定义。在我们的物理世界（与灵界相联系）中，那些进入地狱的人们将会进入一个封闭的空间。他们无法逃离。因此，熵将随着时间发生得越来越频密，就像如今在物理世界所发生的一样，即是我们的宇宙、太空或银河系。熵正在发生，我们人类称之为衰老。

然而，对那些永远被囚禁于地狱的人们而言，这只是灵界中一小部分，他们将会以越来越快的速度分崩离析，直到他们的自我意识最终消解于他们所来自的完全虚无之中。这并不像我们儿时的主日学老师所说的，那里并没有永恒的火焰和硫磺，从来都没有，以后也不会有。此外，请问爱我们的天父会否如此对代祂儿女们？不，绝对不会。

你在神伟大创造中的生命目的

35

当不悔改的罪人们死后，会发生什么事？

2022 年 7 月 25 日，中午 1 时 12 分

亲爱的主，
我经常在思考有关于那些在生命中犯下如此多恶行的人，即通常视自己比其他神儿女们重要的人。他们公然犯罪，并做出许多恶事。其中一个我经常听到的是许多人会说："我按照自己方式来"。全盛时期的弗兰克·西纳特拉（Frank Sinatra）的这首歌深入人心。他赚到盆满钵满，有整数百万美元。他是鼠群中的一员，是个自大狂。

我不清楚那是什么意思。歌词中的"它"是什么意思？即便他们已经了解他们需要接受来自全能神的大爱并在生活中遵从祂的教导，但他们仍然如此。这些人死后来到祢同在时将会发生什么事呢？

我们的主回答道：

我至亲的儿子，我在你生命的每一刻都与你同在，而我会仍然与你同在直到永远，因你已胜过精神与物理上最糟糕的折磨。这是因为你坚守对天父和三一神的信心，而你也坚守你出生前所承诺的，即将他人视为比自己更重要。正因为如此，天父允许你聆听我们的话并将它们刊登在这书内。

你是唯一被赏赐于这恩赐的人，这也是因为你在生命中获得了知识、智慧和才能来书写这本书。你就是唯一的那一位。亲爱的儿子，我们真的非常爱你。你为我们带来极大的喜悦，我们期待与你和你的家人共度永恒。

有鉴于此，亲爱的儿子，我现在将回答你的问题。当一个拒绝天父和其余的三一神的人在死亡后来到我们跟前，他们将会回顾他们的一生。他们就会在那瞬间发现自己罪孽深重和种种恶行。他们将会被审问为何做出如此令人发指的行为。他们也会发现在他们一生中，他们本可以选择神和爱的道路，但却被他们自己拒绝了。也就在那时刻，他们才会乞求宽恕。但就如圣经里所说的，我告诉他们，我不认识他们，要他们离我而去。接着天使会护送他们至地狱的大门，而他们再也无法离开那里。

每个人都会回顾他们的一生，包括他们所做的决定、行为，尤其是他们如何对待神儿女们。这些事物将会决定他们的命定。

我亲爱的儿子，这对你来说则将是是个充满欢乐的仪式，当中会有很多天使和十分爱你的天堂群众出现。而就如我所告诉你的，一部分属于你的奖赏已在天堂了。你听见天国里的人们的评论，而这些评论是因你而出现的。 请继续书写这了不起的作品以及向你所接触的世人传扬天父和我的福音。因为这是你生命的目的而你做得很棒。我爱你。

亲爱的读者们，以上内容是我们的天父，即三一神，于 2022 年 7 月份的一个中午告诉我的。某种程度上来说，我为着将这内容收录在书中感到不好意思和谦虚，但另一方面，以上内容包含了关于人死后究竟会发生何事的宝贵信息。我还可以为此添加些什么呢？完全没有可再添加的。但我也有向三一神提问一些有关系的课题，这些课题将会在书中其他部分介绍到。

你在神伟大创造中的生命目的

36

属灵争战

属灵争战的状况

如果今天你是一位基督徒，无论你明白与否，无论你发现与否，你正处在属灵争战之中。这几十年以来，属灵争战正不断加剧。圣经告诉我们你，这种情况必然发生。

这一切的源头都是因为路西弗反叛我们在天上的全能神。当恶者撒旦从天堂被驱逐到世上来时，一切的负面思想、情绪问题和破坏也随着它来到世上。准确地来说，所有的负面思想、问题、破坏、破碎的关系都源自于恶者撒旦和其爪牙们。它们强占了灵界，而恶者撒旦是这世界的王子。

请记住我们在这本书的前部分曾提及，灵界和自然界是重叠的。我们的身体拥有两个部分，灵魂和躯体，即与灵界和自然界完美契合。"_Spiritual warfare is the cosmic conflict waged in the invisible, spiritual realm what is simultaneously acted out in the visible physical realm_."

除非人类的属灵意念中先有事发生，不然自然界是不会发生任何事情的。一切的想法始于人类的属灵意念。人类的心思意念也可以说是恶者撒旦的游乐场。恶者撒旦向我们使用多种技俩，引诱我们犯罪。请记得它想亚当夏娃所做的事。罪恶随后在我们每一天的生活中反映出来。还有，请记得神的众天使都运行在灵界中。我只能够想象神的众天使和恶者撒旦的邪灵们在灵界中周旋对抗。

属灵争战与美国基督徒价值观和原则的衰败

在希伯来书 1：14 节中说道："天使岂不都是服役的灵，奉差遣为那将要承受救恩的人效力吗？"。我在世上已活了 75 岁。我在 1950 年代长大。我很清楚记得，那个年代，我们的社会存在着坚固和良好的价值体系、道德规范以及行为准则。这价值观训练我们为着所要的事物而努力工作。起来，开始工作吧。对待每个人，如同你想要被对待一样。

尽管很简单，这些原则成为了我们国家的脊椎和明灯。美利坚合众国通过其《宪法》和《权利法案》，将我们的社会推向了"*如果你想要什么，你就必须付诸努力*"的社会。人们为了让自己和家人过上更好的生活而努力工作。在随后的几十年里，我一直在惊愕和眼睁睁看着我们国家的根基、价值观和生存原则是如何被侵蚀的。

然而，我感到无比惊讶的是，大量的国民已背弃了基督教价值观，他们选择操控我们的社会主义政府，让那些辛勤工作的老实人用他们所缴纳的税来养活那些懒惰的人。无论你发现与否，我们与恶者撒旦和其邪灵们正处在严峻的属灵争战中。恶者撒旦多年来对我国文化的影响正威胁着我们的国家，即当初建立在神的生命、自由和追求幸福的原则上的国家。回顾过去，我们可以清楚地看见，这国家的基督教价值观与宪法责任于 60 年代的嬉皮士运动开始堕落。从那时刻开始，随着他们"自由相爱"、"随心所欲"以及"反抗掌权者"等价值观并和毒品一起开启了日益流行的价值体系，并以各种不同的方式荼毒我们的社会。

自由要求每位国民承担责任，毫无借口可言。嬉皮士的反文化主旨是要摧毁责任感。奇怪和讽刺的是，正是因为我们成功将神的价值观贯彻在政治、经济、文化和家庭价值观中贯彻上帝的价值观取得了巨大成功，才得以为公民的健康和福祉创造了如此巨大的财富。

如今，因我们藉着属神的原则所建立的强大经济体系，我们所拥有足够的财富，让贪污腐败和推崇恶者撒旦的政府向辛勤工作的人们征纳数万亿美元的税收，并把这些财富交给偏向民主党的组织和人们，用于延续他们反对神的政治力量，并摧毁那些让这一切成为可能的纳税人们。

十恶不赦的自由主义者很快就会转向暴政和高度集权的国家，继续榨取诚实、勤劳的纳税人在不断被威胁和胁迫下所给出的血汗钱。

就在完成这本书之时，民主党国会已授权增聘 8.7 万名国税局特工，他们全副武装，政府允许他们射杀纳税人。这是截至 2022 年 8 月的情况。当支持这种做法的人受到审判时，全能的神将会很不喜悦。地狱里将挤满新的囚犯。

属灵争战与恶者撒旦的议程

"恶者撒旦利用各种欺骗的手段来达到它的议程，即将世界置于它的影响和控制之下。"

首先，恶者撒旦的目标是神儿女们。在彼得前书 5：8 中写道"务要谨守、警醒，因为你们的仇敌魔鬼如同吼叫的狮子，遍地游行，寻找可吞吃的人。"换句话说，恶者撒旦正朝你而来！回到我成长的 1950 年代，有非常流行的一句话，即"懒散的头脑和双手是魔鬼的游乐场"。

请不要上当。无论你发现与否，这是千真万确的。恶者撒旦曾多次悄悄地鼓励人们吸毒、酗酒、滥情、性爱、苦毒、绝望、灰心、自卑、抑郁、傲慢和依赖。这些事情都会阻隔神儿女们与天堂的创造主的关系。

我们民主党的拜登总统与其国会鼓励向墨西哥开放边界，数百万磅在中国制造芬太尼、海洛因等致命毒品，由墨西哥的贩毒集团分销。民主党故意忽视这一切，导致成千上万的美国人因此丧命。这很明显是邪恶的行为，为要摧毁美国的下两个世代的国民。民主党故意忽视这一切，并因此沾满了鲜血。民主党是恶者撒旦和其邪灵们的政党。

其次，恶者撒旦的目标是家庭。我们在今时今日的社会中亲自目睹这恐怖的情景。自 1971 年已有 640 万在母胎孕育中的生命被杀害。这情景简直骇人听闻。在我们基督教社群中推广这种行为的正是民主党。他们堕胎的口号是"*我的身体，我的选择*"。他们无视在母胎孕育中的生命。为什么？为了让民主党中无视道德的变态们获得更多选票以巩固政治地位和权力。

第三，恶者撒旦的目标是我们的基督教会。多年来，我目睹了纯全的天主教教会中的基督教价值观逐渐被侵蚀。前期发生的神父性侵儿童事件即是邪恶势力肆虐的例子，<u>邪恶势力已渗透基督教神父和牧师们的思想中，因他们向此意念妥协了</u>。另一个迹象就是<u>教皇方济各脖子上除了挂着耶稣的十字架，也挂着支持同性恋的彩虹徽章</u>。这完全是最变态的异端邪说。我只能想象这教皇在门后做了龌龊事。红衣教主们为何不摆脱这些变态的行为呢？这是因为蛇、邪灵和爬虫类等存在于他们的衣橱内。

第四，恶者撒旦的目标是整个社会。<u>在但以理书第 10 章中提到，我们看见恶者撒旦是国家统治者的幕后操手</u>。我们都知道希特勒墨索里尼、伊迪·阿明、金正恩以及他们一连串的暴行。

注意：以上所提到的的恶者撒旦的四大目标摘自于托尼·埃文斯牧师（Pastor Tony Evans）的著作《属灵争战的胜利》（Victory In Spiritual Warfare）。我强烈鼓励每个人都读一读他的书，因为这本书非常有见地，充满了关于基督徒如何成功与恶者撒旦和其爪牙们作战的好信息。

美国在几十年前已偏离神的律法、价值观和原则。这全是因为恶者撒旦在有意愿的人的脑海中作祟，这些人为了自身的邪恶动机，跟随了邪恶的原则和行为以攻击神儿女们。

当我们的联邦政府和州政府的规模越来越大，我们的社会和基本原则就越受到侵蚀。在过去的 1950 年代，联邦政府预算的总和为 1000 亿美元。如今，为了"请投我一票"，辛勤工作的公民被征收的税款高达数万亿美元。政府设立了很多赠款计划，以贫困、受压迫、受歧视等名义的政治目的，从这国家的劳动和纳税的人民那里刮收钱财。

政客们将大量纳税人们的金钱给予特殊利益集团，以获得他们的支持。他们在光天化日之下，用尽各种借口以达成目的。民主党通过与中国而非美国人民日益有利的经济关系，积极支持和资助中国共产党政权。拜登总统甚至将我国一大部分的石油紧急储备给了中国。

这原本是属于我们美国子民的产业。这使到邪恶的拜登政府成为了美国子民们的公敌。

因此，我亲爱的神儿女们，我们正处在一场与邪恶权势对抗的严峻属灵争战，魔鬼的权势侵蚀了神亲手赐予我们的基督教价值观和原则。在接下来的几页，我将向大家透露恶者撒旦与其爪牙们如何持续地攻击我，因我是虔诚的基督徒，而且我勇于为你们书写基督教属灵书籍。

属灵争战，我首次直接个人遇见恶者撒旦，非常恐怖！

如果你怀疑恶者撒旦的存在或你小看它，让我告诉你个震惊的消息，这起事件发生在你们的作者（我）身上。我将这些事件记录在我先前六本属灵书籍的其中两本作品中。第一本是《我真实的基督徒属灵旅程》，而第二本则是《神停留在我的肩上》。但我会重复我所写的。

恶者撒旦可怕的攻击发生在我与我已逝的妻子结婚几年后，当时我们刚育有我们的第一个襁褓中的女儿。这起事件发生在太阳升起前的一个清晨，我们当时正在床上睡觉。前一天，我意识到自己打从心底是个真基督徒，而且我对恶者撒旦带给世界的一切破坏感到无比愤怒。当时我才 20 多岁，也不熟悉灵界的力量和现实，还有当中持续不断的争战。我直接咒诅了恶者撒旦好几回。我告诉它我讨厌它所做的一切恶事并警告它停止它的所作所为。

我所不知道的是，我对恶者撒旦的破口大骂引起了它的注意。几天后，如我所说的，我们在清晨睡着觉。突然间，毫无预警地，我听见很大声的"我会逮到你！""我会捉到你！"。这些话如此响亮，我一度以为邻居们都听得见有人正向我喊叫。我准过身，抬起头，看见一个恐怖、丑陋的黑影正向我叫嚣。这个过程只维持 15 至 20 秒。

行动

我转过身，动一动我的妻子，问道："你听见吗？"。她回应道："听见什么？"。不知怎么，除了我以外，其他人都没听见这令人心惊胆跳、充满仇恨的、吵杂的声音。我以为这是不可能的，但即便我的妻子就躺在我身旁，她也没听见任何声音。我为此感到十分困惑。

我无法用言语来形容当时那黑影出现在我床脚，并向我喊叫"我一定会抓住你！"时的恐惧和害怕。如果以"魂飞魄散"来形容当时的我已算是客气了，因为我真的无法以言语来形容我刚经历的绝对恐怖的感受。不用说，那晚我再也睡不着了。我也记不起我是否告诉我妻子所发生的事。过了不久，我们的女儿醒了，而我们也开始照顾她。

这恐怖的经历瞬间让我见识到恶者撒旦和灵界的存在，之前我也只是在教堂的弥撒以及芝加哥圣塔西斯小学的头四年里听闻撒旦的存在。这经历犹如一把巨大的铁锤砸向我，都把我吓得魂不守舍了。我对这段可怕经历的细节回忆未曾离开过我。

从那时候开始，多年以来，我知道恶者撒旦持续不断地在我心思意念内攻击我，它经常将我完全不需要且无比消极的意见，强塞进我的脑海中。它们似乎凭空出现。随着时间推移，我的灵命逐渐成长，我开始懂得分辨和区别我个人心思意念、神的想法以及来自灵界的想法。我知道何时是恶者撒旦注入它的思想，但我却不知道如何反击。这发现和知识的积累促使我将属灵争战的内容纳入这本书中。我需要揭露我每天与恶者撒旦的个人争战。

如何在属灵争战的世界击退恶者撒旦

对我而言，每当我早晨醒来，我会把我双脚荡向床边。我伸展身体后，接着念起主祷文和圣母经。然后，我询问神："神啊，请问我是谁？"这做法听起来有点奇怪，我不指定你也必须这么做。我之所以需要怎么做是因为我是恶者撒旦与其爪牙们的首要目标。很多时候，恶者撒旦企图冒充我们的主与救主耶稣基督和圣母玛利亚以欺骗我相信它所说的均出自于神。因此，我向天父询问我的身份，让天父亲自回应我，祂称我为"祂的孩子"或"祂的儿子"。我和你一样，都是神的儿女。

好多次恶者撒旦尝试冒充成神。但恶者撒旦或它其他的邪灵永远不会称呼我为"我儿"。因此，为了确定我究竟正与谁对话，我问道：

"我是谁？"。如果我所得到的回应是"祂的孩子"或"我儿"，那我很肯定我正与神说话。相反地，若我所得到的回应是"理查"，那我知道那是来自于恶者撒旦或邪灵。如果我遇到此情形，我会强硬地告诉它们说："奉我主和救主耶稣基督的圣名，我命令你回到属于你的地狱去。立刻离开！"恶者撒旦必须服从，不然它将会被严厉处罚，而它其实已多次如此。

我的一生都是恶者撒旦的首要目标。它知道我是谁，即一位敬虔深爱全能的神、我们的主与救主耶稣基督与圣灵的基督徒。自从我开始书写我的六本属灵书籍开始，它对我的攻击愈加猛烈。

在向神对多次祷告后，祈求祂移除恶者撒旦对我日夜的攻击，我已经开始享受恶者撒旦的攻击愈来愈远离我的生命。在这里所能学习到的功课为，神回应我们的祷告。你永远不能够让祂儿女们在与恶者撒旦的属灵争战中败下阵来。唯一能够让这件事发生的，是祂儿女有意且愿意容许这件事情发生

让基督徒们能够在属灵争战中得胜的最佳方法

我亲爱的基督徒们，面对属灵争战是一件很累的事，但你也需要坚持不放弃。以下是你能够对抗你生命中邪恶的势力且得胜的几种方法。

首先，你应该在每天起床时已祷告开始新的一天。念个主祷文、圣母经以及其他你喜欢的祷告文。以"天父，早安"、"我的主与救主耶稣，早安"以及"我亲爱的圣母玛利亚，早安"等向全能的神打招呼。

第二，全天候与神交谈。你无需大声说出你要说的话，你只需通过心灵感应沟通即可，即是灵界与自然界的通道。也许你觉得这貌似单方面的对话，但其实并非如此，因为你的天父喜爱与你交流。祂聆听你对祂所说的每一句话。而你将得到的回应是，你也许会有一种感动、想法或其他的回应方式。你可以祈求天父立即以祂的声音回应你。若你没向天父祈求，那祂就不会开声。因此，祈求祂向你说话。你会惊喜地发现，你会以不同的方式聆听到祂的声音。但是，

请记住，天父能够以多种不同的方式对你说话以回应你。所以，请祈求天父立即回应你，因为你正在聆听祂的声音。

你也可以请求祂赐予你清楚的征兆，例如看见我们的主与救主耶稣基督和圣母玛利亚的属灵异象。万一你的这一请求真的实现了，请不要感到意外。这些与全能的神交流的建议是不会白费的。当你的一天结束前，当你准备上床休息时，常常以祷告结束一天的生活。你可以轻易地重复你早晨的祷告文并向天父、圣灵、我们的主与救主耶稣以及圣母玛利亚说声晚安，为着一天所发生的一切以及你的请求感谢祂们。

最后，我建议你阅读托尼·埃文斯牧师（Pastor Tony Evans）的著作《属灵争战的胜利》（Victory In Spiritual Warfare）。虽然还有其他的好书，但我发现这本书真的很有用。

Victory In Spiritual Warfare, Pastor Tony Evans, Harvest House Publishers, 2011

37

当我们祷告时，究竟会发生什么事？

我为着我亲爱的妻子伊凡杰琳祷告，祈求她的膝盖得着医治。我问了神这道问题。当我们祷告时，究竟会发生什么事？如果我们祷告祈求医治，那该如何发生呢？如果我们想影响一个事件，我们该如何通过祷告以引导它朝着一个好的结果发展？有哪些因素和机制在起作用？

我们的天父如常用简洁易懂的英文直接回答了我。以下的内容是祂所告诉我的，我完全没修改其中内容，我也没进行任何的翻译。就如祂所说的，这些都是祂在我脑海里面向我显明的。

全能的神垂听每一个祷告
2022 年 6 月 6 日，上午 10 时 47 分
我们的天父

当你向我（全能神）祷告的时候，我首要告诉你的是，无论是怎样的祷告，我都一一聆听。这对每个人来说都是真实的。我考虑当时的状况。若是与我的旨意一致，我就会应允所祈求的。至于伊凡杰琳的膝盖，我会使用并加强自然痊愈的过程，好让她的膝盖会迅速得着医治。

当你一直不断为玛丽琳祷告，祈求她的癌症得医治时，我的旨意并不是要她完全得着医治。亲爱的孩子，正是因为你为她所做的

事，作为一名灵气治疗师，你为她祷告并进行了充满祷告能力的灵气疗法，让她的生命延续得比没有你的祷告更长久。这就是为什么她得以多活5年，而不是原本依据她的情况所预计的18个月寿命而已。你的天父能够将医治的能力专注放在伊凡杰琳的膝盖上。

我知道你对科学事物甚了解，因此我会以这种方式想你讲解此事。在治疗人类身体的种种问题上，人类身体虽然拥有天然痊愈的能力，但这能力也会因意外、疾病等其他因素而受到影响。物理学上的熵定律指出，所有事物都会衰退，身体功能的秩序变得更加混乱，因此需要一些干预以让医治发生。你的天父应允了你的祷告，让伊凡杰琳的膝盖得医治。祂增强康复的过程，好让她的状况相对很快好转。这并不如他人想象中的，即瞬间就得医治。神创造了对人体的所有痊愈过程，而在医治的课题上，祂只不过增强部分的过程，以医治所面对的问题。

人体之外也有许多事情，人们会祈求我，以求获得不同的结果。所有外在的事情都始于人们的心思意念，当然天然灾害除外。亲爱的孩子，就如你所知道的，神居住在我们每个人里头。祂使用祂的能力，以某种方式引导人们的思维，影响他们未来的行动，要么避免不利的情况，要么采取行动，让每个人都获得好的结果。

在后者的情况中，太多人没有聆听和跟随内心（即神的居所）的声音。因此，向天父祷告并没带来任何益处，这就是恶者撒旦所想要发生的。它想要人心被蒙蔽，好让他们无法听见内心的微声细语，即天父要告诉他们的一切。有些人认为那是良知，但其实不止于此。你的心思意念也和灵界相联系，即恶者撒旦会玩弄它邪恶思想的空间。因此，它种下了邪恶的种子和与神旨意为敌的欲望。

有些人的内心情感受到了伤害。这几乎一直都是创伤的结果。在这种情况下，你们的天父肯定能帮上忙，因为祂与受苦的孩子非常亲近。为着处于该情况的人祷告能够使那人获得医治，但这过程需要通过人们的心思意念，而这需要时间。你的祷告将增快医治的过程。但有些人对全能的神心存隔阂。根据这种阻隔的强度，它可以*减缓医治的过程，甚至完全阻止医治*。（*我亲爱的孩子，请问你明白了吗？*）

然后，我回答道："是的，我的主我明白了这问题。感谢祢添加了我有关我们人类这部分的问题。亲爱的主，我爱祢。"

若符合祂的旨意，祷告将会被应允。

希伯来书 13：6 —— 钦定版圣经 (NKJV)
[6] 所以我们可以大胆地说："*主是我的帮助，我必不惧怕，人能对我做什么呢？*"

38

主祷文

主祷文自耶稣基督行走在世上以来就一直与我们同在。每一天全世界成千上万的基督徒都背诵这祷告。当主的门徒们问祂该如何祷告时，祂以主祷文的基要词句回答他们。让我们根据主祷文中美妙的词句，详细分析这篇祷告文。

"我们在天上的父"[13][14]

这短短的几个字确定了我们与天父亲密的关系，祂是阿爸父（我们的爸爸）。神是如此与我们亲近，因为祂是我们的父神。这些话不仅让人联想到了亲子关系，即神儿女们的创造主。这也让我们联想到祂藉着引导和爱我们在世上的神儿女们所展示的权柄和大能。此外，当我们接受神进入我们生命而成为基督徒时，我们也成为了祂天国的子嗣。这也表示说我们将享受将在天堂神深厚无尽的喜乐和满足，常年不朽直到永远。虽然就那几个字，但字句中所带来的含义却如此重要。

"愿人都尊祢的名为圣"

我们在这里所祷告的是我们要尊神的名为圣。这表示神理应被分别为圣，处于至高的地位。当我们尊神的名为圣超越一切时，平安会在我们心中油然而生。当我们尊神的名为圣超越一切时，我们的生命就有了正确的秩序和公正，能够如实地生活。

"愿祢的国降临，愿祢的旨意行在地上，如同行在天上。"

---

[13] 马太福音 第6章
[14] 受到罗伯特•巴伦主教的启发，"On The Our Father"，YouTube

这并不表示祂会在这世上建立祂的国度。这地充斥着邪恶的罪恶。它更是在表示天使和圣徒们在天堂里的正确秩序，即以爱的秩序成为建立天国的基石。这是个没有暴力的秩序，天使们以无私的爱为歌声歌颂赞美神，愿我们彼此也能够和谐相处，就如天上的天使们一样。愿祢的旨意行在地上，如同行在天上。

"我们日用的饮食，今日赐给我们"

希腊文圣经在这里的翻译出现了一些状况。"日用"这词只出现在希腊文中出现过一次，其余的则是使用代表着"超越物质的"词汇。这极为重要。正确的翻译应为"我们超越物质的饮食，今日赐给我们"。

身为天主教教徒，我们将饮食（或译作：这饼 this bread）译为超越物质的，因身体已转化成了耶稣基督的身子。因此，这其实是弥撒中的祷告。这是与耶稣交流的祷告，并不是为了每天生存的日用饮食。尽管英文翻译并没表达其含义，但这其实明确表示的是与神的交流。

"免我们的债，如同我们免了人的债。"

我们主耶稣基督所教导的其中一个主题便是饶恕。在人们或神儿女们中，我们在饶恕那些曾经伤害我们的人们这回事上的确很困难。然而，这是我们的主耶稣基督的主流教导，这也是对他人爱的表现。即使是庞大的民族群体，也会在内心深处对世上的其他民族积怨已久。我记得我那很虔诚的奶奶。她会经常说："我们不应该相信塞尔维亚人。" 这两个群体之间的共同仇恨延续了几百年，甚至传到了我那非常虔诚的天主教奶奶的心中。

"不叫我们遇见试探，就我们脱离凶恶。"

早在旧约圣经中就可以看出，生活中发生的一切都源于耶和华的作为。如果家庭或个人发生了不好的事情，那是因为他们在某个地方犯了罪，现在他们正在为自己的所作所为受到全能神的惩罚。

"因为国度、权柄、荣耀全是祢的，直到永远。阿们。"

你在神伟大创造中的生命目的

从多方面来看,这是在重申主祷文的第一句。耶稣也告诉门徒们,他们可以以多种不同的方式祷告。我所给予你的并不是祷告的唯一方式。但你可以将此作为今后祈祷的范本。

你在神伟大创造中的生命目的

39

我们的祷告
圣母经

就如多数的基督徒，我最喜欢的祷告文是主祷文和圣母经。这些受基督教义的基本神学所承认的美好祷告文。你也可以拥有其它你所喜欢的祷告文，我所能说的是："愿神祝福你。"如我对主祷文进行阐述一般，我将阐述这对万福玛利亚的祷告。这篇幅简短的祷告文中充满了对我们所有基督徒的爱。

万福玛利亚，妳充满圣宠，
我无法比查经网站上更好地评论这句话的解释。以下是他们关于玛利亚满得恩宠的部分内容。"圣经如何诠释【恩典】一词？"是不是只是神喜爱我们的意思？从这词在钦定版圣经中出现 170 次的记录来看，这是个非常重要的概念。他们知道这源自于耶稣基督（约翰福音 1：14，17）。

当使徒保罗写下这些话"……因你们不在律法之下，乃在恩典之下。"（罗马书 6：14），他使用了希腊字 Charism，即"恩赐"的意思(史特朗经文汇编 #G5485)。神以恩赐拯救我们。既然这是基督徒救恩的模式，这至关重要，而恶者也极力掩盖和混淆其真正含义。 圣经写道耶稣在恩赐下成长（路加福音 2：52），在钦定版圣经则被翻译为"恩宠"。如果"恩赐"在路加福音 2 章中表示的是无偿的赦免……

主与妳同在，妳在妇女中受赞颂，
路加福音 1：28 天使进去，对她说："蒙大恩的女子，我问你安，主和你同在了！"

这句话出自路加福音，正是圣母经下一句的出处。天使说玛利亚是备受恩宠的。在这句话中，恩宠等同于恩典。我们可以称这美好的祷告文为"备受恩宠的圣母经"。但请记住，"恩典"这词在钦定版圣经出现了 170 次。因此，"恩典"一词的使用更为恰当，而不是"恩宠"一词。

妳的亲子耶稣同受赞颂。
这句话是如此美丽并简明易懂。坦白说，这句话不言自明。"蒙福"或"祝福"一词用于祈求神对某人、某地、某物或某项工作的能力和眷顾。祝福是满有能力的，能够在以上事物祈求神的大能。

天主圣母玛利亚，
这句话也是如此简单但蕴藏美丽且深奥的含义。"天主圣母"一词对基督教义而言意义极大。所有基督徒一生中说过无数次这祷告文，但并没了解这短语的深度和重要性。

这句话是全能神救赎神儿女们计划的核心。玛利亚曾是这世上的人。她因着对全能神的顺服，怀了全神全人的孩子。她的儿子耶稣确实是完全的三一神，也是完全属世的孩子。正是玛利亚和她的儿子耶稣（不久后被称为耶稣基督）共同建立了这桥梁。他们一同形成了天堂和自然界的桥梁。如果没了玛利亚和她的儿子耶稣，那神的救赎计划就不会存在。

无论基督徒们明不明白，这句话对于神将祂儿女们从罪中救赎出来的计划至关重要。藉着她儿子耶稣基督，我们得蒙救赎，可以与神和三一神一同在天堂共享永恒。我希望我已向你们清楚讲述这虽简短但至关重要的短句，天主圣母，所带来的重要性。

求妳现在和我们临终时，为我们罪人祈求天主。阿们。
这明显是圣母玛利亚为我们向天父的祷告。万福玛利亚的祷告大有能力，这是因为她在天上的地位。多数人不记得玛利亚在与恶者撒旦和它邪恶爪牙们大战中所扮演的角色。经上记着说是玛利亚粉碎恶者撒但的头。这是强而有力的措辞，表示天主之母（即在多方面是我们所有人的母亲），将直接在永恒中彻底击败恶者撒旦。

你在神伟大创造中的生命目的

我们都应该知道，圣母在任何情况下都会保护我们。因此，天主之母在很多方面都是我们所有人的母亲。她将保护她的子女们，而她将继续为我们向天父祷告，以保守我们远离这被恶者撒旦所充满的世界中的种种险恶。但请放心，我们只是暂时居住于这世界，届时将回到我们天父永恒的居所。

查经网站： https://www.biblestudy.org/beginner/what-is-grace.html

你在神伟大创造中的生命目的

40

一个小男孩，神的孩子，的真实故事

我们的故事从这小男孩还在天堂的时候说起。当中有那么一个小男孩，与其他神儿女们不同。他在世上的主题始终都是以他人为先。这一主题基本上效仿了我们天父的属性。这也是这小男孩的重大抉择。这将决定他在这世上的人生的道路。这也无疑导致他成为了恶者撒旦的首要目标。因为这小男孩反映了全能神的基要属性。

因恶者撒旦憎恨神，因此它的憎恨也导致了这小男孩成了它想要摧毁的首要目标。当他还在天国等待他诞生在世上的时刻，他培养了非常敏锐的属灵洞察力。他喜欢观察事物如何相互联系和运作。他拥有极强的好奇心。当他在天堂时，他也告诉了天父一些非常特别的事物。他知道在某个特定的时刻，他将诞生在这世上。因此，他告诉了天父他渴望活出<u>以他人为先</u>的生命。恶者撒旦正等着他的诞生，并在那时启动摧毁他的计划。

当这小男孩诞生在这世上的时刻，他成为了父母亲的独生子，但父母亲却根本不想要他。他的父亲在看见这小婴儿的那一刻，还说了"这是我干的吗？"这一句话。他们为着成为这小男孩的父母（小男孩特意诞生于世）而经常争吵。即便在这小男孩诞生之前，他已经提前被认定为大问题。他的肉身父亲是个非常冷酷且刻薄的男人。他经常殴打和惩罚我们的小男孩，并不断威胁要惩罚他，他还经常对小男孩大吼大叫。他的父亲也剥夺了他很多的童年乐趣。他母亲对他父亲刻薄的所作所为无动于衷。这不仅是多种不该有的惩罚，而且也不对他表达真实的爱。他们向万物表明了他们不爱他，也不想要他。他的母亲从没告诉他"我爱你"这三个字。当他还是个婴儿的时候，她从不曾拥抱他、给他喂食，而是经常把他放回床上。

小男孩的双亲都不曾对他说"我爱你"。他被对待的方式就如家中的访客。在小男孩生命的晚期，他发现父母都不希望他出生。他虽是家中的独子，但却是他双亲的弃子。孤独感、创伤后遗症和忧郁症占据了他的童年，也跟随他至成年。童年的创伤也对他的身体造成了影响，使他瘦弱不堪，并伴有慢性呼吸困难和严重的头痛，直至今日。

<u>这就是父母能对子女造成的长期影响。</u>在成长过程中，这小男孩所要的只不过是有人爱他。可是，缺乏爱和被残忍对待，对他的影响是深远的。他变得非常害怕其他人，尤其是权威人士，所以他的朋友很少。毫无疑问，恶者撒旦对他的双亲有着强大的影响力。当你越接近全能的神，你在世上的日子就会越艰难，这是真的，因为恶者撒旦对神憎恨至极。

他的天父、圣灵和救主耶稣基督都与他十分亲近。然而，这害怕的小男孩无法感受到这点。他感到十分的孤单。他非常害怕其他人，尤其是权威人士。

求学生涯

因此，他转向书本和学习。他喜欢化学，也喜欢他的高中化学老师——希利先生。后来他想明白了，若要想远离那些不三不四的学生，就必须取得非常好的成绩，并加入网球队。因此，他做到了。随后，他进入圣克拉拉大学攻读化学专业。这小男孩不懂得是，神正引导和保守他远离伤害和痛苦。他也在那时候认识了来自耶稣会的布拉克弟兄，从此他们成了一生的朋友，直到今日。

后来，他遇到了一位出色的女士，两人结婚 38 年，直到他的妻子去世，留下了三个爱他的孩子。毫无疑问，是神安排了这小男孩的幸福人生。多年后，神再次为他安排了一位非常爱他的优秀女基督徒，他们至今仍是幸福的夫妻。她是一位神学教授。他们将会一起上天堂。神确实为他安排了美好的婚姻，让他娶得如此美丽和充满爱的女人。即便亲朋戚友也发现，他们的婚姻确实是天作之合。

确实是！随着小男孩渐渐长大，神向他启示，在他的生命中，没有一是神不与他无时无刻同在的。这是因为这小男孩在诞生于世前就决定以他人为先。当这蒙受神恩宠的小男孩患上癌症时，一个好医生和一个来自于神的神迹拯救了他，免于英年早逝。就连医生都告

你在神伟大创造中的生命目的

诉他说是"无形的帮助,助你康复"。医生清楚指出若不是神迹,医药疗程无法救他于英年早逝。若不是因着来自神的神迹,你们今天就不会阅读这本书,即是这小男孩所编写的第七本属灵书籍。

在这小男孩 50 岁左右时,他攻读并获得牧养事工硕士学位,辅修神学。这也引导他编写 6 本基督教属灵书籍作品。接着,神给这小男孩带来了激动人心的事情。我们的主与救主耶稣基督和万福圣母玛利亚找到了这个已经长大成人的小男孩,让他写下了你们手中的这本书。

你在神伟大创造中的生命目的

41

这本书的由来

现今这小男孩已长大成人，出于他不完全明白的原因，全能的神拥抱小男孩并保守他至这世界的终结。万福圣母玛利亚也来抚育和守护他。这小男孩可以很清楚看见神独生子和万福圣母玛利亚站在他右肩的身旁。此景为这小男孩带来极大的安慰。神在较后赐予他与祂有亲密特别的关系，天主能够直接向他显明许多有关神所创造的万物，无论看得见或否，的种种细节。

我们的主与救主以及万福圣母玛利亚找到这害怕的小男孩，也就是我，你们的作者——理查·费格森，以帮助我书写这本荣美辉煌的基督教属灵书籍。自 2000 年前圣经面世以来，再无类似如此的文本被书写出来。

这小男孩向他天父提问，为什么他会如此荣幸获拣选以获得受造物们的诸多奥秘。三一神回应他说： **"这是因为你做出了以他人为先的决定。"** *小男孩回复说：*"我并不记得我曾经做过如此决定。"*神回应道：* **"孩子，你不会记得这事，因为这是你在出生前所做的决定。"** *这小男孩既惊讶又开心。神告诉这小男孩，他是神儿女们中第一位获得祂的准许领受有关创世之初、创世的目的和万物如何相互联系的种种细节与秘密的人。接着，全能的神像小男孩说：* **"我很喜悦你所书写的书。不要把书交给恨我的人。"**

接着，神向这特别的孩子显明许多关于灵界、天堂和自然界如何被创造以及三者如何相互联系的事物。神在 <u>小男孩正书写你们阅读的这本书时</u>，向他显明这一切。你们在书中所阅读的内容正是我们属神的小男孩所被显明的神告诉这小男孩祂只准许他理解神的受造物的知识并将其刊登出来，让其余神儿女们阅读和学习。最后，你可以提问任何问题。我们将为你一一解答。

211

你在神伟大创造中的生命目的

神也向这孩子概述了祂为所有儿女所制定的救赎计划的细节，以及为什么祂要创造一切看得见和看不见的东西。<u>创造的目的是为了为神儿女们提供能够回归天父的途径，好让他们能够在无限的荣美天堂享受永恒。</u>由于很久以前（根据创世的时间线）路西弗的叛变，导致这举动是必须执行的。祂儿女们所要做的就是接受和爱慕全能的天父以及活在天父的诫命中。唯有如此行，每一个神儿女才能在世上和天上获得真正的满足，即与天父共享永恒，没有尽头。

再次强调，这小男孩在生命的最后阶段成为了一名基督教牧师和属灵书籍的作者。如今，他仍然持续贯彻以他人为先的信念。总结来说，最近我们慈爱的全能神向这已长大的小男孩说："*我非常喜悦你所写的书。*"

<u>**你现在正阅读这已长大成人的小男孩所写的书，你慈爱的全能天父为之感到十分喜悦。**</u>

你在神伟大创造中的生命目的

42

这是我们辉煌起点的终点，
我们无尽生命的起点。

因此，几乎所有来到这世上的人都会通过自己的出生来发现自己有多么爱我们的天父。

我们这些幼嫩的儿女们在与神共同生活了无数的永恒岁月之后来到这世上，为了认识了解祂，即我们从心底深处爱祂。因当时恶者撒旦还不存在，我们出生在这世上前犹如小孩般（我们还会再是）天真无邪，在天父面前绕着宇宙玩追逐、嬉笑和玩耍。我们尝试和无处不在的天父玩捉迷藏，根本玩不了！祂已算是自动作弊了！

我们也为此大笑起来！随着时间渐长，我们的生命也过得越来越好。当我们玩耍时，我们也学习很多。我们在学会如何玩捉迷藏时也同时学到在多重维度玩耍，我们藏在不同的维度中，是多么地有趣。然后，天父教导我们更多关于我们的事物以及我们的责任和道德伦理。很快的，我们发现玩乐的时光就快结束，因天父告诉我们，我

你在神伟大创造中的生命目的

们即将诞生在另一个空间并肩负更多的责任。因此，我们答应了。因为我们知道在创世之中还有一些（我们不喜欢的）事情正在发生，它以我们不知道的方式影响着我们。我们非常爱我们的天父，我们想竭尽所能来给予帮助。我们的弟兄耶稣会告诉我们所需要知道的一切。因此，我亲爱的弟兄姐妹，我们的生命会持续至永恒。我们的生命也会不断地改变，变得越来越好，这是因为我们爱神，而在漫长的时光中，三一神更爱我们。我们所有人都很爱你们，而这份爱会一直添加。

我们的故事没有终结。

神爱你，神也爱我

对于天国的人来说，时间是无尽的喜悦。

但愿你健康地，从头到尾将这本书读完，
我期待在天国和你握手。
理查·费格森

你在神伟大创造中的生命目的
参考文献和脚注

钦定版圣经 The Holy Bible, King James Version

新英皇钦定本 The Holy Bible, New King James Version

《时间简史：从大爆炸到黑洞》：史蒂芬.霍金 A Brief History Of Time: Stephen Hawking

《大设计》：史蒂芬. 霍金 The Grand Design: Stephen Hawking

Hearing God: Peter Lord

《史特朗經文彙編》Strong's Concordance

The Creator And The Cosmos: Hugh Ross

The Improbable Planet: Hugh Ross

A Real Life Christian Spiritual Journey: Richard Ferguson

The Divine Resting On My Shoulder: Richard Ferguson

Christians Alert, Democrats Are Attacking Our Country!: Richard Ferguson

《物种起源》：查尔斯•达尔文 The Origin Of Species: Charles Darwin

The Prophetic Voice Of God: Lana Vawser

Victory In Spiritual Warfare: Pastor Tony Evans

《耶稣受难记》：梅尔•吉布森电影 The Passion Of The Christ: Movie By Mel Gibson

The Our Father: Bishop Robert Barron (Youtube)

Bible.org:
https://anatomy.app/blog/human-anatomy

https://www.biblestudy.org/beginner/what-is-grace

https://www.britannica.com/science/aqueous-humor

https://www.openbible.info/topics/satan_rebellion

https://www.sciencefocus.com/the-human-body/dna

https://www.secretsunlocked.org/science

www.ingramcontent.com/pod-product-compliance
Lightning Source LLC
Chambersburg PA
CBHW051124160426
43195CB00014B/2333